오군,
오군,
사아이거호

吾君, 吾君, 捨我而去乎

강화도에서 보는 정묘호란·병자호란

오군,
오군,
사아이거호
吾君, 吾君, 捨我而去乎
강화도에서 보는 정묘호란·병자호란

초판 1쇄 펴낸날 2022년 1월 30일

지은이 이경수
펴낸이 김시연

펴낸곳 (주)일조각
등록 1953년 9월 3일 제300-1953-1호(구 : 제1-298호)
주소 03176 서울시 종로구 경희궁길 39
전화 02-734-3545 / 02-733-8811(편집부)
　　　 02-733-5430 / 02-733-5431(영업부)
팩스 02-735-9994(편집부) / 02-738-5857(영업부)
이메일 ilchokak@hanmail.net
홈페이지 www.ilchokak.co.kr
ISBN 978-89-337-0798-2　03910
값 19,000원

오군,
오군,
사아이거호

吾君, 吾君, 捨我而去乎

강화도에서 보는 정묘호란·병자호란

이경수 지음

일조각

들어가는 글

이 책은 정묘호란과 병자호란의 역사를 다룹니다. 전투 자체보다 호란이라는 사건과 그 사건을 겪어내던 이들의 삶과 죽음을 가만히 들여다봅니다. 덩어리 큰 담론보다 소소한 대화를 꿈꿉니다. 이 시대, 우리에게 어떤 지도자가 필요한지도 생각해봅니다.

이야기를 풀어갈 주요 무대는 강화도입니다. 정묘호란 때 강화도에 인조와 조정이 피란 와 있었습니다. 병자호란 때는 세자빈, 원손, 봉림대군 등이 왔습니다. 인조는 부득불 남한산성에 들어야 했고요. 강화도가 청군에게 함락되면서 '삼전도의 굴욕'을 당하게 됩니다.

이제 그 혼란의 시대, 호란의 시대로 들어가 궁금한 것을 하나씩 풀어가면서, 새로운 궁금함을 만들어 가며, 아문 듯 아물지 않은 상처에 확 소금도 뿌리고, 호오, 위로의 입김도 불어 보시기 바랍니다. 그러다 보면 내가, 우리가 가야 할 길이 보일지도 모릅니다.

고맙습니다.

2022. 1. 20.
강화도에서
이경수

차례

병자호란

떠나간 이들과
이 땅에 남은 것

2019년 9월, 태풍 링링이 강화도를 덮쳤다.

매서웠다.

연미정 품어 주던 500년 느티나무 두 그루, 그 하나도 쓰러졌다. 밑동이 완전히 부러졌다. 정묘호란, 병자호란 다 겪어낸 역사의 '산증인'이 그렇게 생을 다하였다.

아니었다. 몸은 꺾였어도 뿌리는 삶을 포기하지 않았다. 아픔 딛고 새싹을 올리더니 이제 꽤 생생하다. 살아내려고 뽑히지 않으려고 스스로 제 몸을 두 동강 냈는지도 모른다. 그렇게 연미정 느티나무는 끈질긴 역사를 이어간다. 오랜 세월, 이 땅의 사람들도 그러했다. 하여 지금 여기 내가 있다.

빛나는 물길이 다다르는 곳

연미정에서 내려다본 바다
앞에 보이는 길쭉한 섬이 유도, 그 남쪽은 김포 땅, 북쪽은 북한 땅이다. 한강이 임
진강과 몸 섞어 내려와 여기서 바다가 된다.

왜 강화도인가

야윈 낙엽 구르는 소리, 덩달아 바람 소리. 소리마저 그림이 된다. 임진강과 하나 된 한강이 마침내 바다와 만나는 지점이다. 해병 초소, 철책선, 물 건너 펼쳐지는 북녘의 산야. 새와 물고기만 자유롭게 남과 북을 오가는 경계. 거기 연미정이 있다.

연미정에 오른 인조(1595~1649, 재위:1623~1649)가 바다를 내려다본다. 빼어난 풍광을 즐기러 온 게 아니다. 수군을 사열하는 중이다. 혹독한 추위는 갔으나 아직도 한기 매서운 음력 2월, 인조는 왜 한양 궁궐이 아닌 강화도(江華島)에 있는가.

정묘호란이다. 임진왜란 겪고 근 30년 흐른 1627년(인조 5) 정묘년, 후금이 조선을 침공했다. 후금군이 남하하자 인조와 조정은 강화도로 피란했다. 일종의 '학습 효과'라고 할까, 고려한테서 배운 것이다.

고려가 몽골의 침략에 맞서 강화도로 천도했었다. 막강한 기병을 보유한 유목민족 몽골이다. 고려는 바다 싸움에 서툰 그들의 약점을 파악하고 강화 섬으로 도읍을 옮겼다. 수십 년 대몽항쟁 기간 강화도는 안전했다. 몽골군은 한 번도 강화도를 공격하지 못했다. 물결 사나운 강화 바다가 몽골군을 주눅 들게 했다.

한반도 서쪽 중간 지점에 강화도가 있다. 한강의 끝이 강화요, 임진강의 끝이 강화요, 예성강의 끝이 강화다. 예성강 타고 오르면 개경이고 한강 타고 오르면 한양이다.

강화에서는 몽골군의 훼방 없이 서해안 물길 따라 어디나 오갈

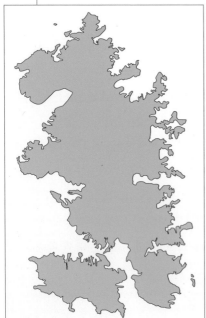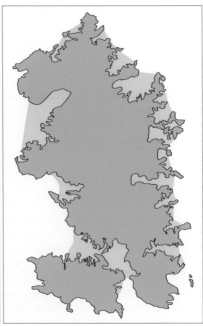

고려시대 강화도(왼쪽)와 조선시대 강화도(오른쪽)

강화도는 오랜 세월에 걸쳐 간척사업이 차근차근 진행되었다. 지도에서 볼 수 있
듯이 노란색 부분이 간척지이다.

수 있었다. 그래서 강화도 조정의 명령이 전국으로 전달되는 지휘 체계가 유지됐다. 식량과 각종 물품도 뭍에서 뱃길 따라 강화도에 공급됐다. 고려가 버텨낼 수 있었던 이유이다.

정묘호란을 일으킨 후금은 여진족이 세운 나라다. 사는 지역에 따라 농사도 지었으나 유목 생활을 주로 했다. 기병이 강하나 수전에는 약하다. 그래서 조선 조정도 고려처럼 피란처로 강화도를 택한 것이다. 조선의 결정은 일단 옳았다. 후금군은 강화도에 이르지 못했다. 강화조약(講和條約)을 맺고 후금군이 물러간 뒤 인조는 무사히 한양으로 돌아갔다.

여진에서 만주로

여진! 고대에는 대개 말갈로 불렸다. 부족 단위로 나뉘어 살았다. 고구려에 편입된 부족들이 있었는데 고구려가 멸망한 뒤에는 발해의 구성원이 되었다. 신라의 백성으로도 살았다. 이민족인 듯, 아닌 듯, 그때는 그랬다.

돼지·양·소·말 등이 풍부하고 준마가 많은데, 그중에는 하루에 1,000리를 달리는 말도 있었다. 사람들은 사납고 용맹하여 어려서는 활로 새나 쥐 등을 쏘아 잡다가 커서는 활시위를 당기고 말달리며 싸움을 익혀 강한 병사가 되지 않는 자가 없었다.[1]

이렇게 날쌘 말을 타고 새와 쥐까지 쏘아 맞추는 여진족이 고려

여진 정벌도(4군 6진의 개척)

(서울 전쟁 기념관)

국경을 자주 넘어와 약탈을 일삼았다. 결국 윤관이 기병 중심의 별무반을 이끌어 정벌하고 그 땅에 동북 9성을 쌓았다(1108). 그런데 여진이 땅을 돌려 달라고 거듭 요청했다. 사뭇 애절하였다.

"만약 9성을 되돌려주어 우리의 생업을 편안하게 해 주시면, 우리는 하늘에 맹세하여 자손 대대에 이르기까지 공물을 정성껏 바칠 것이며 감히 기와 조각 하나라도 국경에 던지지 않겠습니다."[2]

고려는 우여곡절 끝에 여진에 땅을 되돌려 주었다(1109). 그러고 딱 6년 뒤인 1115년(예종 10), 대대손손 고려에 충성을 다하겠다던 여진인들이 힘을 모아 금나라를 세웠다. 그 주인공이 아구타(아골타, 1068~1123)이다.

금은 거란(요)과 송을 무너트렸고 고려마저 위협했다. 이렇게 세상을 호령하던 금나라가 1234년(고종 21)에 몽골에 멸망했다. 그때 고려는 강화도에서 몽골에 저항하고 있었다. 나라는 망했으나 여진인은 살아 있었다.

조선시대가 되었다. 국경에서 여진은 여전히 골칫거리였다. 조선이 4군과 6진을 설치했던 것도 여진을 통제하려는 목적에서였다. 이들의 군사적 잠재력이 뛰어났어도 자기들 부족끼리 경쟁하고 다투는 형국이라 심각하게 위협이 되지는 않았다.

고려 사람들도 여진의 "모든 부락이 각자 우두머리라고 생각하는 탓에 [부족의] 통일을 이루지 못하였다."[3]고 평했었다. 부족 단위로 이동하며 사는 유목민의 생활 패턴도 통합을 어렵게 했다.

그러던 중 걸출한 리더가 나타났다. 건주여진의 누르하치(1559~1626)가 부족을 통합하며 세를 키운 것이다. 특히 임진왜란 때 맘껏 세력을 떨쳤다. 조선에 지원군을 보내 주겠다고 거듭 제의해

올 만큼 커졌다.

그동안 명나라와 조선은 여진 부족의 통합을 경계하며 그들을 적절히 회유하고 통제해 왔다. 그랬는데 임진왜란이 닥쳐왔다. 내 코가 석 자인 처지가 되어 명나라도 조선도 후금에 신경 쓸 여유가 없었다. 그 덕에 누르하치가 흥기할 수 있었다.

광해군(1575~1641, 재위:1608~1623) 때인 1616년에 누르하치가 여진의 나라를 다시 세우니 이 나라가 바로 후금(後金)이다. 후금은 본격적으로 명나라를 공격하기 시작했다.

누르하치가 사망하고 그의 아들 홍타이지(1592~1643)가 즉위한다. 우리 실록은 홍타이지를 홍대시(洪大時)나 홍태시(洪泰時)로 표기했다. 홍타이지의 후금이 1627년(인조 5)에 조선을 침략한 사건이 바로 정묘호란이다.

1635년(인조 13)쯤, 후금은 여진이라는 자기네 호칭을 만주로 바꾸었다. 이때부터 여진족이 만주족으로 불리게 된다. 1636년(인조 14), 홍타이지는 황제를 칭하고 나라 이름을 후금에서 청으로 바꾼다. 홍타이지는 청 태종으로 불리게 된다.

그해 1636년 병자년 겨울에 청이 조선을 침공하니, 병자호란이다. 정묘호란은 여진족의 후금이, 병자호란은 만주족인 청나라가 쳐들어온 것인데, 사실은 그들이 그들, 같은 사람들이다.

실록을 비롯한 조선 사서는 이들을 가리킬 때 줄곧 비칭을 썼다. 통상 오랑캐로 번역하는데 노(虜) 자를 많이 썼다. 그래서 노적(虜賊)은 후금군(청군), 노영(虜營)은 후금군(청군) 진영, 노장(虜將)은 후금군(청군) 장수를 의미한다.

노추(虜酋)는 오랑캐 추장, 즉 오랑캐의 우두머리라는 뜻이다. 홍

　　　　　　　　　　빛나는 물길이 다다르는 곳

타이지를 가리키기도 하지만, 주로 누르하치를 칭하는 표현으로 쓰였다. 노왕(虜王)은 병자호란 당시 강화도 침략군 대장인 도르곤을 가리킨다.

노적(虜賊)과 유사한 의미로 노적(奴賊)을 쓰기도 했다. 노(奴)는 기본적으로 노비를 가리키지만, 상대를 천대하여 칭하는 욕으로도 쓰인다. 그러니까 '놈' 정도의 의미다. '매국노(賣國奴)'를 떠올리면 될 것이다.

노(虜)와 노(奴)외에 호(胡)도 있다. 정묘호란, 병자호란 할 때의 그 '호'인데 역시 오랑캐라는 뜻이다. 그들이 조선에 보낸 사신을 차호(差胡)나 호차(胡差)라고 했다. '차'에 사신이라는 뜻도 있으니 차호나 호차는 오랑캐 사신이라는 의미가 된다.

광해군 가고 인조 오고

1623년, 쿠데타를 일으킨 인조가 즉위했다. 인조반정이라고 한다. 반정(反正)이란 "어지러운 세상을 바른 세상으로 되돌려 놓는다." 정도의 뜻이다. 일으킨 사람들의 명분이 내포된, 승리자의 단어가 반정이다. 그래서 '인조반정' 대신 중립적 관점에서 '계해정변'으로 칭하기도 한다. 1623년이 계해년이다.

폐위당한 광해군은 가족과 함께 강화도에 유배됐다. 광해군과 폐비는 강화부성 동문 쪽에, 폐세자와 폐세자빈은 서문 쪽에 각각 위리안치됐다. 대문 밖으로 나올 수 없는 사실상의 감옥살이다.

죽으려고 목을 매기도 했던 폐세자는 마음 바꿔 탈출을 시도했다. 스무 날 넘게 담 밖으로 나갈 땅굴을 팠다. 장비는 가위와 인두 정도였다. 드디어 다 뚫었다. 캄캄한 밤을 기다려 밖으로 나왔으나 바로 붙잡혔다. 남편이 끌려가자 폐세자빈이 자결했다. 끌려갔던 폐세자는 자진(自盡)하라는 인조의 명을 받고 목을 맸다. 충격받은 폐비도 세상을 떴다. 졸지에 아내와 아들과 며느리를 모두 잃은 광해군, 그래도 유배 생활은 계속됐다.

1627년(인조 5) 1월 8일에 심양을 출발한 후금군이 1월 13일에 조선 영토로 짓쳐들어왔다. 1월 17일, 인조는 후금의 침공 소식을 구체적으로 듣게 된다. 군사 징발과 방어 대책을 논하는 숨 가쁜 하루, 인조는 호조의 각종 비품과 문서를 강화로 옮기게 한다.

1월 19일, 종묘사직의 신주를 받들어 강화도로 파천할 것임을 공식적으로 밝히고 다음 날인 1월 20일에 광해군을 강화부(지금 강화읍)에서 교동도로 옮기게 한다. 1월 21일, 인목대비와 중전 등이 한양에서 강화로 출발했고 1월 26일에는 인조가 궁궐을 나섰다.

인조가 광해군을 교동으로 미리 보낸 것은 인목대비의 뜻을 따른 것일 게다. 인목대비는 영창대군의 생모이다. 인목대비에게 광해군은 철천지원수다. 작은 강화부성 안에 아들 죽인 원수와 함께 있다는 게 용납되지 않았을 것이다. 그래서 광해군을 쫓아내게 한 것 같다.

사실 인조 자신도 인목대비와 생각이 같았을 것이다. 곧 강화성으로 들어간다. 성안에 자신이 쫓아낸 전 왕 광해군이 있다. 따지자면 광해군은 인조의 큰아버지이다. 인조의 아버지 정원군이 광해군의 이복동생이다. 음, 불편하다. 겸연쩍다.

더구나 후금군이 광해군을 복위시키려고 할지도 모른다. 그냥 두기에 이래저래 불안하다. 그래서 광해군을 교동으로 보내 버렸을 것이다. 얼마 후 광해군은 교동에서 정포로 다시 옮겨진다. 최명길이 그렇게 하자고 인조에게 요청했다. 정포는 지금 강화군 내가면 외포리 지역이다.

1627년(인조 5) 1월 26일, 후금군은 평양을 무너트리고 황해도 황주까지 내려왔다. 이날 궁궐을 나선 인조는 양화진에서 배를 타고 한강을 건너 양천에 이르렀다. 실록에는 인조가 노량을 거쳐 양천에 이른 것으로 나오는데 인조를 호종(扈從, 임금 호위)했던 신달도(1576~1631)는 노량이 아니라 양화진이라고 했다.[4] 위치와 경로 등을 고려할 때 양화진이 맞을 것이다.

1월 27일, 인조가 김포 육경원(어머니 인헌왕후의 묘)에 들러 참배하고 통진에 도착했다. 다음 날 28일, 이제 다들 강화로 건너가면 된다. 그런데 인조가 누구도 예상하지 못한 말을 툭 던졌다. "나는 이곳에 며칠 동안 머무르면서 군병들을 휴식시키고자 한다."

신하들 어안이 벙벙. 한시가 급한 피란 상황에서 통진에 며칠 머물겠다니. 그리고 뭘 했다고 군병을 쉬게 해? 말은 그렇게 했으나 사실 인조는 경창의 쌀을 강화로 운송하는 걸 직접 채근하려는 마음이었다.

옛 정포, 외포리

강화군 내가면 외포리 지역은 조선시대에 정포였다. 광해군이 한때 여기서도 유배
살이 했다. 석모도 보문사 오가는 배들로 왁자했던 곳인데 지금은 석모대교가 놓
여서 한적해졌다.

도승지 홍서봉이 어서 빨리 강화로 건너가야 한다고, 도성까지 버리고 왔는데 여기서 며칠 있을 필요가 뭐 있느냐고 했다. 인조의 답변은 이랬다. "어찌 다른 뜻이 있겠는가. 군마(軍馬)를 휴식시키고자 할 따름이다." 이번엔 군마 휴식이란다. 그냥 배에 오르기만 하면 되는데.

그랬는데 후금 사신이 멀지 않은 곳에 왔다는 소식을 듣고는 "내일 일찍 건너가는 것이 좋겠다." 이렇게 말을 바꿨다. 그리하여 1월 29일에 통진에서 배를 타고 갑곶나루에 내렸다. 광해군 없는 강화도에 도착한 것이다. 밤이 되자 비바람이 거세게 몰아쳤다. 바람은 며칠간이나 계속됐다.

갑곶나루

갑곶은 조선시대에 강화 제일의 관문이었다. 지금 강화대교가 시작되는 곳, 그 주변이 갑곶이다. 《신증동국여지승람》에 이런 내용이 있다. "전조(前朝, 고려)의 고왕(高王, 고종)이 여기 와서 피난하는데, 원나라 군사들이 쫓아와 말하기를, '갑옷만 쌓아 놓아도 건너갈 수 있다.'고 하였기 때문에 갑곶이라 이름하였다."

'갑옷'에서 '갑곶'이 나왔다는 말이다. 그러니까 고려 몽골 항쟁기에 갑곶이라는 지명이 처음 생겼다는 소리이다. 꽤 알려진 이야기이지만, 사실이 아니다. 이미 그전부터 갑곶이라는 지명이 쓰였다. '갑곶(甲串)'은 '갑옷'이 아니라 고대 강화의 이름인 '갑비고차(甲比古次)'에서 온 것으로 추정된다.

연미정

월곶면

갑곶나루   통진나루

하성면

강화군

통진읍

김포시

일산서구

광성진   대곶면

양촌읍

정족산

가현산

김포 장릉

경기도 김포시

지금의 김포 지역은 조선시대에 행정구역이 둘로 나뉘어 있었다. 동쪽(서울 쪽) 절반 정도만 김포이고 서쪽(강화 쪽) 절반은 통진이었다. 강화군과 마주하고 있는 김포시 월곶면(여기서 배 타고 강화 갑곶 나루에 내렸다)과 대곶면을 포함해서 하성면, 통진읍, 양촌읍 대개가 조선시대에는 통진에 속했다.

통진현의 서쪽에 갑곶이라는 나루가 있었는데, 오가는 사람들은 반드시 물속을 수십 보 걸어가야 비로소 배에 오를 수 있고, 또 배에서 내려서도 물속을 수십 보 걸어가야 언덕에 오를 수 있었다. 그러므로 얼음이 얼고 눈이 내릴 때면 길 다니는 나그네들이 더욱 고통을 당하였는데, 박신이 공사비를 대고 고을 사람들을 이끌어 양쪽 언덕에 돌을 모아 길을 만들었더니, 길 다니는 사람들이 지금까지 그 공로를 힘입고 있다고 한다.[5]

고려 말 조선 초를 살았던 통진 사람 박신(1362~1444)은 대사헌, 호조판서, 이조판서 등을 지냈다. 통진에서 강화를 오가며 보니 사람들이 배 탈 때마다 물에 텀벙텀벙, 귀찮고 불편하고, 특히 겨울에는 고통이다. 높은 사람들이야 가마 같은 거 타고 배에 오르고 내리니 버선 한 짝 젖을 일이 없다.

마음이 있어야 보이는 법, 박신은 백성에게 참마음이 있었다. 배 타고 내릴 때마다 고통 겪는 이들을 애처롭게 여겼다. 선착장 만드는 비용만 대도 칭송받을 일인데 손수 사람들과 함께 일했다.

그렇게 김포 쪽 해안과 강화 쪽 해안에 돌을 쌓아 선착장을 완성했다. 인조는 박신이 쌓은 선착장에 내렸을 것이다. 박신은 몰랐겠지. 이 나루로 나라님이 피란 올 줄은.

정묘호란

후금은 왜 조선을 침략했을까

후금이 조선을 침공한 이유를 한두 마디로 말하기 어렵다. 여러 요인이 복합된 것으로 보아야 할 것이다. 일단 후금의 군주가 누르하치에서 그의 아들 홍타이지로 바뀌었다는 점을 고려해야 하겠다.

누르하치는 조선을 위협할 뿐, 전면전을 치를 생각은 없었던 것 같다. 그냥 원만하게 두 나라 관계를 유지하려고 했던 것도 같다. 그런데 홍타이지는 즉위 전부터 줄곧 조선 침공을 강력하게 외치던 인물이다.

"홍대시(홍타이지)가 늘 그 아비에게 우리나라를 침범하자고 권하고 있는데, 장자인 귀영개는 매양 '사면으로 적과 응전할 경우 원한 관계에 있는 대상이 너무 많으니, 이는 스스로를 보호하는 이치가 전혀 아니다'라고 하면서 극력 화친을 주장"하고 있다는 고급 정보를 광해군이 듣는다.[1]

이미 광해군 조정 때 홍타이지의 침략 성향을 파악하고 있던 것이다. 홍타이지는 즉위하고 불과 3개월 만에 정묘호란을 일으킨다. 홍타이지 아닌 귀영개가 즉위했다면 어땠을지….

후금의 침공 소식을 들은 인조가 장만에게 물었다. "이들이 모장(毛將, 모문룡)을 잡아가려고 온 것인가, 아니면 전적으로 우리나라를 침략하려고 온 것인가?"[2] 둘 다였다. 홍타이지는 조선 침공에 앞서 제 군사들에게 명령했다. 모문룡을 정벌하고 조선도 취할 수 있으면 취하라! 침략의 주요 목적, 모문룡 제거에 있었다. 모문룡 이야기는 잠시 뒤로 미루자.

거란이 고려를 침략했던 것은 송을 치기 위한 사전 작업이었다. 위치상, 뒤통수인 고려가 신경 쓰인 것이다. 거란이 송과의 전투에 전념할 때 고려가 거란 본거지를 공격하면 낭패다. 미리 고려를 압박해서 배후의 위협을 막아야 했다.

후금도 비슷했다. 명 정벌에 전념하기 위해 명과 연결된 조선을 먼저 '손봐줄' 필요가 있었다. 홍타이지가 즉위하면서 제 부하 장수들에게 이르기를 "먼저 강동(江東, 조선)을 침공해서 우환의 근본을 제거하고" 그다음에 명의 산해관으로 진격하자고 했다.[3] 실제로 후금은 조선과 화친조약을 체결하고 철수하자마자 명나라로 쳐들어간다.

당시 후금이 처해 있던 경제적 어려움도 조선 침략의 한 가지 원인으로 거론된다. 만주 지방에 기근이 심해서 굶어 죽는 이가 많았다. 후금은 조선을 항복시킨 후 일종의 전쟁 배상금 명목으로 식량과 각종 물품을 공급받으려는 의도가 있었다. 국경에 시장을 열어서 양국 교역을 통해 경제적 안정을 꾀하려고도 했다.

실제로 후금은 조선과 화친을 교섭하는 단계에서부터 엄청난 양의 물품을 요구했다. 인조가 "요구한 물건이 너무 많아 단연코 우리나라에서 마련할 수 있는 것이 아니다."[4]라는 내용의 국서를 후금에 보낼 정도였다.

후금은 또 조선 백성들을 잡아가려는 욕심이 있었다. 노동력을 확보하려는 것이다. 실제로 수많은 백성을 잡아갔다. 끌려가던 이들이 압록강을 건널 때 배에서 뛰어내려 목숨을 버린 이가 많았다. 후금군은 배에 울타리를 높게 치고 조선 백성을 묶어 두기도 했으나 투신은 그치지 않았다.[5]

대개 전쟁을 일으키는 이유 가운데 하나가 정권을 견고하게 다지려는 의도이다. 비상시국을 조성해서 군주의 힘을 강화하려는 것이다. 도요토미 히데요시 역시 자신에게 향하는 불만 세력의 관심을 조선으로 돌리려는 생각에서 임진왜란을 일으켰다.

홍타이지도 그런 의도가 있었다. 강력한 힘을 바탕으로 즉위한 것이 아니었다. 형제들의 추대 형식으로 후금의 군주가 되었기 때문에 권력 역시 형제들이 나눠 갖는 형태였다. 더구나 그의 사촌형 아민은 홍타이지의 즉위를 강하게 반대했었다. 홍타이지는 바로 그 아민을 조선 침공군의 총사령관으로 임명했다.[6]

한편 후금은 조선의 정권 교체를 침략의 명분으로 삼기도 했다. 인조에게 폐위당한 광해군의 원수를 갚으려고 출병했다고 했다. 광해군은 명과 후금 사이에서 일종의 중립외교를 펼치며 나름대로 후금을 '배려'해 왔다.

고려에서 했던 것처럼

광해군은 강홍립(1560~1627)에게 1만이 넘는 군사를 주어 북쪽으로 보냈다. 명과 연합해 후금을 치게 했다. 명의 지원군 파병 요청을 거부하지 못했던 것이다. 끝끝내 "NO!" 하고 싶었지만, 지원병을 보내야 한다는 조정 신료들의 거센 요구를 이겨내지 못했다.

대제학 이이첨이 승문원을 통해 광해군에게 아뢰었다. "중국에 난리가 났을 경우에 제후가 들어가 구원하는 것이 춘추의 대의요, 변방을 지키는 자의 직분이라 할 것입니다. 더구나 우리나라는 소생시켜 준 은혜를 입어 오늘에까지 이를 수 있었으니 어떻게 해서든 조금이라도 [명나라] 황제의 은덕에 보답하기 위해 노력해야 할 것입니다."[7]

임진왜란 때 군사를 보내 조선을 구해 준 명의 은혜를 갚아야 한다는 주장이다. 군사를 보내 명을 도와야 합니다! 조정의 공론을 대변한 소리이기도 했다. 광해군도 어쩔 수 없었다.

조선 백성들이 먼 이국땅에서 명을 위해 싸웠다. 명나라와 조선 등의 10만여 명 연합군은 1만여 명에 불과한 후금군과의 전투에서 패배했고 강홍립은 남은 병력과 함께 후금에 항복했다. 1619년(광해군 11)에 벌어진 이 싸움을 심하전투(深河戰役, 사르후 전투)라고 한다.

이 무렵 광해군은 "밤낮으로 우려하고 답답해하다 보니 마음의 병이 더욱 심해져 마치 미친 병을 앓는 형상"[8]과 같았다고 고충을 말했다. 그리고 명에 대한 사대지성(事大之誠)과 후금에 대한 기미(羈縻)만이 나라를 보전하는 좋은 대책이라고 강조했다.

기미란 말의 굴레[羈]와 소의 고삐[縻]라는 뜻으로 중국 왕조가 주변 이민족을 적절히 통제하고 견제하고 또 회유하면서 평화를 유지하려던 외교 정책을 가리킨다. 광해군 역시 후금을 조선의 기미 대상으로 표현하면서 자신의 중립외교를 정당화했다.

1622년(광해군 14), 골치 아픈 명의 사신이 또 왔다. 군사, 군마, 군량, 군선. 참 다양하게 요구했다. 그들을 접견하는 신하에게 광해군이 이렇게 명했다. "국가의 위망(危亡)에 관계된 일일 경우에는 죽을힘을 다해 쟁론해도 괜찮다. 어찌 한갓 감군(명 사신)을 두려워하여 입도 열지 못한단 말인가."[9]

명의 사신을 황제 대하듯 하던 조선에서 광해군이 외쳤다. 어찌 사신 따위를 두려워해서 할 말을 못 하는가, 힘껏 싸우라! 지금도 새겨들어야 할 말이다.

그러나 조정의 공론은 '중립=죄악'이었다. 광해군을 죄인인 양 몰아붙였다. 국방 대책보다는 명을 받드는 외교정책에 더 신경 썼다. 광해군은 너무 답답했다. 신하들에게 호소했다.

"중국의 일의 형세가 참으로 급급하기만 하다. 이런 때에 안으로 스스로 강화하면서 밖으로 견제하는 계책을 써서 한결같이 고려에서 했던 것과 같이 한다면 거의 나라를 보전할 수 있을 것이다. 그런데 요즘 우리나라의 인심을 살펴보면 안으로 일을 힘쓰지 않고 밖으로 큰소리치는 것만 일삼고 있다."[10]

고려의 외교를 배우자고 했다. 고려는 송에 사대하다가 거란의 침략 후 절교하고 거란에 사대하는 결단을 내렸고, 하대하던 여진족이 금을 세워 강성해지자 다시 금에 의례적으로 사대했었다. 고려는 사대에 먹히지 않고 사대를 이용했다. 광해군은 고려 외교술을 롤모델로 삼고 있었다.

"내가 세상 돌아가는 상황[時事]을 보니, … 이 적이 결국 어떻게 될지는 알지 못하겠으나 천하 난적의 우두머리가 될 것이다. 우리나라는 불행하게도 이 적과 국경이 닿아 있고 거리도 가까우니, 왜구와 바다를 사이에다 두고 있는 것과 같지 않다."[11]

광해군은 후금의 거침없는 행보를 예견했다. '아이 러브 명'만

외칠 상황이 절대 아닌 것이다. 그는 신료들에게 일갈했다. "우리나라 사람들이 끝내는 반드시 큰소리 때문에 나랏일을 망칠 것이다."

궁궐, 궁궐, 또 궁궐

그러나 광해군이 먼저 망가지고 말았다. 광해군의 대외정책에 반대하는 서인 세력이 쿠데타에 성공했고, 그 결과 인조가 즉위하게 된다.

1623년(인조 1) 3월 14일에 왕대비(인목대비)가 광해군을 폐위하는 몇 가지 이유를 밝힌 교서를 발표했다. 그 가운데 후금과 관계되는 내용이 이러하다.

광해는 배은망덕하여 천명을 두려워하지 않고 속으로 다른 뜻을 품고 오랑캐에게 성의를 베풀었으며, 기미년 오랑캐를 정벌할 때에는 은밀히 수신(帥臣)을 시켜 동태를 보아 행동하게 하여 끝내 전군이 오랑캐에게 투항함으로써 추한 소문이 사해에 펼쳐지게 하였다.

… 황제가 자주 칙서를 내려도 구원병을 파견할 생각을 하지 않아 예의의 나라인 삼한이 오랑캐와 금수가 됨을 면치 못하게 하였으니, 그 통분함을 어찌 이루 다 말할 수 있겠는가.[12]

"은밀히 수신(帥臣)을 시켜 동태를 보아 행동하게" 했다고 했다.

창덕궁 인정문과 창경궁 통명전

광해군의 실정 가운데 하나가 궁궐을 여럿 짓게 한 것이다. 백성들을 참으로 고통
스럽게 했다. 그런데 이 궁궐들이 갈증을 닮고 사는 현대인에게 샘물이 되어 주고
있다. 위 사진은 빌딩숲속 진짜 숲, 창덕궁을 찾은 이들의 모습이고 아래 사진은
창경궁 통명전 뒤편 툇마루에서 싱그러운 시간을 즐기는 이들의 모습이다.

수신은 곧 강홍립이다. 광해군이 미리 강홍립에게 적당히 싸우다 여의치 않으면 항복하여 병사들의 목숨을 보전하라고 지시한 것으로 해석될 수 있다. 그런데 광해군이 정말 항복을 지시했는지는 명확하지 않다.

대내적으로는 광해군이 궁궐을 여러 개 짓게 하면서 민생을 도탄에 빠트렸다는 것과 영창대군을 죽이고 인목대비를 유폐시켰던 것 등이 인조반정을 정당화하는 소재가 되었다.

후금의 위협이 상존하는 시기에 광해군이 오래도록 궁궐 공사에 집착한 것은 모순이다. 병사들 입에 넣어줄 쌀 한 톨이 아쉬운 형편이었으니 말이다. 나라 재정이 더 어려워지고 백성의 경제적·육체적 고통이 심각했다. 궁궐 지을 빈터가 있을 리 없는 법, 수많은 백성의 집이 헐려야 했다.

사실, 궁궐이 필요하기는 했다. 임진왜란으로 경복궁·창덕궁·창경궁, 궁궐 셋이 모두 불탔다. 한양으로 돌아온 선조는 어쩔 수 없이 정동에 있는 월산대군의 집을 행궁으로 삼아 그곳에서 생활했다. 그리고 창덕궁을 다시 짓게 했다.

창덕궁이 완공된 것은 광해군 때다. 그런데 광해군은 새로 지은 창덕궁을 싫어했다. 몹시 꺼렸다. "창덕궁은 큰일을 두 번 겪었으니 내 거처하고 싶지 않다."[13] 이렇게 이유를 밝혔다. 두 번의 큰일은 노산군(단종)과 연산군이 폐위됐던 걸 가리킨다. 창덕궁이 왠지 자신도 폐위되게 할 흉지처럼 여겨졌던 모양이다.

다음 행보는 당연히 다른 궁궐 건설이다. 그런데 이게 너무 심했던 거다. 창경궁을 다시 짓게 하고 명당을 찾아 인경궁과 경덕궁(경희궁)도 짓게 했다. 더구나 인경궁과 경덕궁은 동시에 공사를 벌였다. 국방과 민생이 모두 빨간불인 상태에서 말이다.

임금으로서 정통성의 약점을 풍수지리에 기대어 해결해 보려는 마음이었던 것 같다. 그러나 풍수지리는 광해군의 손을 잡아 주지 않았다. 어찌 알았으리오. 두 명이나 폐위된 창덕궁이 찜찜해서, 혹여 그렇게 될까 걱정돼서 다른 궁궐을 짓게 했는데, 그 일 때문에 자신이 폐위될 줄을.

인목대비를 폐하여 서궁에 가둔 행위도 광해군이 쫓겨나는 데 큰 영향을 끼쳤다. 광해군이 인목대비보다 나이가 아홉 살이나 많다. 그래도 아버지 선조의 부인이니 광해군에게는 어머니이다. 그 어머니를 가두는 패륜을 범한 것이다.

임금은 만백성의 효의 대상이기도 하다. 그런 만큼 만백성에게 효의 모범을 보여야 한다. 그런데 광해군이 불효의 극단을 보여주고 만 셈이다. 인목대비는 광해군 폐위 교서에 울분을 드러냈다.

선왕의 배우자가 된 사람으로 일국의 국모가 된 지 여러 해가 되었으니, 선묘(선조)의 아들이 된 자는 나를 어미로 삼지 않을 수 없는 것이다. 그럼에도 광해는 … 나의 부모를 형살하고 나의 종족을 어육으로 만들고 품 안의 어린 자식(영창대군)을 빼앗아 죽이고 나를 유폐하여 곤욕을 주는 등 인륜의 도리라곤 도무지 없었다.[14]

이리하여 궁궐에 새 주인이 들었다. 인조의 새 정권은 어떤 대외정책을 펼쳤을까. 그동안 서인은 광해군의 중립외교를 맹렬하게 비판해 왔다. 임진왜란 때 나라를 구해 준 명나라의 은혜를 기억해야 한다고, 명에 대한 사대를 강화하고 오랑캐 후금을 배격해야 한다고 주장했었다. 서인의 입장은 한마디로 친명배금(親明排金)이었다.

인조의 서인정권, 입으로는 친명배금을 말했다. 하지만 대외적으로 당당하게 친명배금 정책을 펼치지는 못했다. 막상 정권을 잡고 보니 '배금'이 말처럼 쉬운 게 아니었다. 서인정권도 세상 돌아가는 상황을 알았다. 맹목적으로 후금을 배척하는 것은 위험하다고 여겼다. 그래서 광해군 때와 크게 다를 게 없는 대외정책을 펴고 있었다.

오늘날, 야당이 정권 잡아 여당 되면, 야당일 때 하던 주장을 뒤집는 결정을 하곤 한다. 바람직하지 않다. 하지만 이해가 안 되는 것은 아니다. 야당의 눈으로 보는 세상과 여당의 눈으로 보는 세상은 다른 것일 테니.

형 죽이고 아우도 죽이니

'허, 이 강화 섬, 나와 웬 인연이 이리 질긴고.'

광해군, 한 번쯤 이런 생각을 했을 것 같다. 아슬아슬 오른 왕자리, 오래도록 앉아 있으려 친형 임해군을 강화도로 유배 보냈었다. 임해군은 강화도에서 교동도로 옮겨져 죽임을 당했다. 아들뻘 동생 영창대군도 강화도로 유배 보내 죽였다. 왕 자리 지키려고 형과 아우를 강화로 귀양 보냈는데 결국은 자신도 강화로 귀양 왔다.

강화는 유배의 섬이기도 했다. 왕과 왕족들이 수없이 유배 왔다. 임금만 따져보아도 고려의 희종, 충정왕, 우왕, 창왕이 있고 조선에서는 연산군과 광해군이 왔다. 강화에서 귀양살이하다가 왕으

고동도

고동도에 가려면 강화군 하점면 창후리 포구에서 배를 타야 했다. 지금은 2014년
에 완공된 교동대교로 차 타고 들어간다. 간척으로 형성된 드넓은 평야가 인상적
인 섬이다. 화개산, 교동읍성, 교동향교, 연산군 유배지, 대룡시장 등이 널리 알려
졌다. 2021년에는 한글 점자 훈맹정음을 만든 박두성 선생의 생가가 복원됐다.

로 즉위한 경우도 있다. 고려의 강종과 고종, 그리고 조선의 철종
이다.

　유배 형벌 가운데 가장 무거운 벌이 섬에 가두는 것이다. 섬 가
운데 조선시대 대표적인 유배지가 거제도와 제주도였다. 강화(강화
본섬과 교동도)는 큰 비중을 차지하지 않는다. 그런데 폐위된 왕이나
왕족들은 대개 강화로 귀양 왔다. 왜 그랬을까?

　강화는 한양에서 가깝다. 왕족은 요주의 인물이다. 특히 폐왕
이나 왕위 계승권자로 이름 오를 만한 이는 특별 관리 대상이다.
누군가 역모를 꾀하여 유배 중인 왕족을 임금으로 추대하려고 할
때, 이를 사전에 감지하고 대처하려면, 한양에서 가까운 곳에 '죄
인'을 가두고 감시, 통제해야 한다. 이런 면에서 강화도와 교동도
가 적합했다.

　조선에서 폐위된 임금이 노산군, 연산군, 광해군이다. 노산군·
연산군·광해군의 '군'은 왕자라는 의미가 아니고 폐위된 국왕을
낮춰 부르는 호칭이다. 이 가운데 노산군은 1698년(숙종 24)에 복위
되어 단종이 되었다.

　영창대군(1606~1614)은 선조의 아들 14명 가운데 유일한 적자다.
후궁이 아닌 왕비 소생이다. 광해군의 콤플렉스를 자극하는 존재
가 될 수밖에 없었다. 배우 차승원이 광해군으로 나온 드라마가 있
었다. 드라마에서 광해군이 영창대군에게 말했다. "내가 무서우
냐? 나도 그렇단다. 이렇게 작고 어린 네가…."

　광해군은 영창대군을 강화도로 보내며 이렇게 '변명'했다.

　"이의(영창대군)가 비록 나이 어려서 지각이 없으나, 그를 왕으로

용립한다는 설이 누차 여러 역적의 진술에서 나왔으니, 그 누가 화의 근본이라고 하지 않겠는가. 여러 역적은 비록 제거하였으나 화의 근본이 남아 있을 경우에는 국가의 걱정거리가 지난날보다 도리어 심할 것이다."[15]

영창대군이 유배지 강화에 있을 때다. 강화부성 동문 안 어느 집. 인목대비가 옷을 지어 보냈다. 펴 보니 곳곳 얼룩진 게 보였다. 영창대군은 궁녀에게 새 옷에 웬 얼룩이냐고 물었다. 궁녀가 대답하길, 인목대비가 흘린 눈물 자국이라고 했다. 영창대군은 오열했다.[16] 엄마 눈물에 아들 눈물이 더해졌다. 눈물옷이 되었다.

아들은 수없이 빌었다. 단 한 번이라도 어머니를 볼 수 있게 해달라고, 어머니가 너무 보고 싶다고. 그러나 끝내 어머니를 보지 못하고 죽임을 당했다. 3살에 아버지(선조) 잃고 얼마 후 엄마 인목대비와 생이별, 그리고 8살에 강화에서 생을 마감. 초등 1학년 나이인 8살에.

참혹하게 태워 죽였다고 한다. 증살(蒸殺, 쪄 죽임)로 말해지지만, 실록은 소살(燒殺, 태워 죽임)이라고 적었다. 그런데 사실일 가능성은 삼 분의 일 정도 될까 말까. 영창대군이 죽임을 당하는 과정이 실록에 서로 다르게 세 가지나 기록되어 있다. 우선 《광해군일기》를 보자.

정항이 강화부사로 부임한 뒤에 대군에게 양식을 주지 않았고, 주는 밥에는 모래와 흙을 섞어 주어서 목에 넘어갈 수 없도록 하였다. … 그러므로 대군이 이때부터 밥을 얻어먹지 못하여 기력이 다하여 죽었다.

어떤 사람이 말하기를[或云] "정항은 그가 빨리 죽지 않을까 걱정하여 그 온돌에 불을 때서 아주 뜨겁게 해서 태워 죽였다. 대군이 종일 문지방을 붙잡고 서 있다가 힘이 다하여 떨어지니 옆구리의 뼈가 다 탔다."고 하였다.[17]

굶겨서 죽게 했다. 그런데 태워 죽였다고 말한 사람도 있었다. 반면에 《인조실록》은 전혀 다른 내용이다. "이정표가 음식에다 잿물을 넣어 올리자 영창대군이 마시고서 3일 만에 죽었다."[18]라고 기록했다. 굶겨 죽인 건지, 태워 죽인 건지, 독살한 것인지, 어느 기록이 진짜인지 분별하기 어렵다.

인정으로 따지자면 광해군이 아우 영창을 죽게 한 것은 큰 과오이다. 비판받아 마땅하다. 그런데 나이 어린 영창대군이 왕위 계승권자의 정통성을 갖고 있다. 광해군에게는 늘 위협이다. 역모를 꾀하는 이들은 영창을 새로운 왕으로 삼으려고 할 게 뻔하다.

냉혹한 정치 현실에서 왕위를 지키려는 자의 어쩔 수 없는 행위였다고 간주할 수도 있을 것이다. 광해군만이 이런 짓을 한 것도 아니다.

그러면 당시 조정 신하들의 의견은 어떠했을까. 광해군의 측근 세력만 영창을 죽여야 한다고 했을까? 그렇지 않다. 사실상 모두가 처벌을 외쳤다. 대신들이 나서고 종실도 나서고 백관이 나서서 거듭 영창대군을 처벌하라고 했다.

조정의 소금 같은 존재, 사헌부와 사간원은 어떠했을까. 그야말로 줄기차게 "처벌하소서."했다. 아주 끈질기고 적극적이었다.

홍문관도 그랬다. 성균관 유생들이 나서고 지방의 선비들도 상소를 올려 광해군의 결단을 촉구했다. 영창대군이 강화도로 유배된 이후에도 처벌 요구는 계속됐다. 죽이라는 거다.

이랬던 신료들 상당수가 인조 조정에서도 당당하게 활동했다. 광해군이 폐위된 요인 가운데 하나가 영창대군을 죽인 거다. 광해의 조정에서 영창을 죽이라고 외치던 이들은 어떤 생각으로 인조의 조정에서 관료 생활을 계속했을지 궁금하다.

우리 현대 정치사 속에서 큰 안타까움은 퇴임 대통령 대개가 끝이 좋지 않았다는 점이다. 어느 대통령이 감옥에 갇히고 어느 대통령이 탄핵될 때, 그 정부에서 일하던 고위 관료나 여당 국회의원 가운데 "대통령을 제대로 모시지 못한 제 탓입니다." 하면서 스스로 옷 벗은 이가 얼마나 될까. 책임지는 모습을 보여준 이가 얼마나 될까. 있던가?

조정이 온통 영창대군 처벌의 소용돌이에 빠져 있을 때, 눈에 띄는 이가 있었다. 그는 '홍의장군'으로 불렸던 전라병사 곽재우였다.

"이의(영창대군)가 무슨 지각이 있기에 반역의 죄를 씌운단 말입니까. 온 조정의 사람들이 이의를 처벌하자고 떠들어대면서 전하를 불의에 빠뜨리고 있으므로 신은 감히 반열에 나가지 못하겠습니다."[19]

반대한 거다. 영창대군을 처벌하지 말라는 상소를 올린 것이다. 조정의 처벌 주장은 외려 광해군을 곤경에 빠트릴 것이라고 했다. 그러면서 조정 의견에 동참할 수 없으니 사직하겠다고 했다. 곽재우가 그랬다.

그런데 광해군이 강화 교동도에 유배시킨 친족이 또 있었다. 조카 능창군이다. 교동 유배지를 관리하던 이가 능창군에게 모래 섞은 밥을 주고 차가운 방에 잠재우고 견딜 수 없게 괴롭혔다. 결국 능창군은 스스로 목을 매 세상을 버렸다.[20] 능창군은 능양군의 친동생이다. 능양군이 바로 인조다. 인조반정은 결과적으로 죽은 동생을 위한 형의 복수이기도 했다.

광해군이 폐위되지 않았더라면

광해군이 계속 재위했다면 후금의 침략이 없었을까? 후금이 침략하지 않았을 수도 있고 침략했을 수도 있겠다. 두 가지 추정을 다 해 보자.

① 그래도 후금은 침략했을 것이다.

외교가 힘을 발휘하려면 군사력이 뒷받침되어야 한다. 국방 능력이 있어야 진정한 평화도 누릴 수 있다. 국방 능력은 경제력을 바탕으로 키울 수 있다. 조선은 그렇지 못했다. 임진왜란으로 탈진한 상태에서 회복되지 못했다. 광해군은 자신의 대후금 정책을 미봉책이라고 말했다. 광해군이 중립 노선을 유지했어도 결국 후금은 침략했을 것이다.

당시 국제정세가 그랬다. 거란이 송에 집중하려고 고려를 침공

남양주 광해군묘

(문화재청)

했던 것처럼 후금도 명을 장악하려면 언젠가 조선을 침략할 수밖에 없었을 것이다. 광해군이 계속 임금 자리에 있었다고 해도 후금이 청이 되고 황제를 칭하게 된 이후에는 결국 조선으로 쳐들어오게 되었을 것이다. 그러나, 그랬다 해도, 조선이 허망하게 뚫리지는 않았을 것이다.

② 후금이 조선을 치지 않았을 것이다.

가정해 보자. 어느 집에 아들 형제가 있다. 부모는 장남만 이뻐하고 떠받든다. 둘째는 서럽다. 둘째는 장남보다 인성이 좋고 공부도 잘하고 운동도 잘한다. 학교에서 장남은 존재감이 없지만, 둘째는 선생님들도 친구들도 칭찬하는 인재다.

둘째는 선생님의 인정보다 부모님의 인정이 더 간절하다. 관심받고 싶어 더 열심히 공부하고 운동한다. 그래도 부모의 눈은 장남에게만 가 있다. 둘째는 투정도 부린다. "엄마는 왜 형만 이뻐해? 나 이렇게 공부 잘하잖아. 나도 아들이라고." 엄마의 대답, "형은 형이잖아."

후금의 조선에 대한 불만이 둘째 아들과 비슷한 심정이 아니었을까 하는 생각도 든다. 오랜 역사 속에서 그들에게 조선은 상국(上國)이었고 동경의 대상이었다. 자기네 조상의 뿌리가 한반도에서 이주해 왔다는 소리도 듣곤 했다.

그 조선으로부터 제대로 인정받고 싶다. 그러면 깊이 박혀 있는 열등감도 털어낼 수 있을 것 같았다. 그래서 자기네 사신 대하는 예(禮)를 명나라 사신 대하는 예와 같게 해 달라는 등, 보기에 따라 유치한 요구를 거듭하곤 했다. "왜 명나라만 우대하고 우리는 무시하는 거냐고. 우리가 명보다 더 힘이 센데."

정묘호란 이후이기는 하지만, 1633년에 명의 장수 공유덕과 경중명이 많은 병사와 전선을 거느리고 후금으로 투항했다. 1634년에는 상가희까지 항복해 왔다. 공유덕은 약 3,000명, 경중명은 약 2,300명, 상가희는 1,400명 정도를 거느리고 귀순했다.

홍타이지는 얼마나 기뻤던지 하늘이 도왔다는 의미를 담아 공유덕·경중명 부대를 천우병(天佑兵)으로 불렀고 상가희 부대를 천조병(天助兵)으로 칭했다.[21]

후금은 몽골 정벌에 나서 그들까지 병합했다. 그동안 명과 후금은 각축을 벌이며 서로 몽골과 조선을 자기 편으로 묶어두려고 애써왔다. 그랬는데 후금이 몽골을 차지한 것이다. 더구나 홍타이지는 원나라의 옥새라고 전해지는 '전국옥새(傳國玉璽)'까지 손에 넣었다. 이 옥새로 홍타이지는 칭기즈칸의 계승자라는 후광까지 확보했다. 대단한 기세다.

후금의 신하들이 하늘의 뜻이라며 홍타이지에게 황제 자리에 오르라고 청했다. 만주족, 한족, 몽골족 함께 "황제가 되소서." 했다. 홍타이지는 일단 사양하면서 형제국인 조선의 의견을 물어보라고 했다. 조선을 몰아붙이는 괴롭힘이다. 하지만 홍타이지가 속으로는 '조선이 인정해줘야만, 진짜 황제인 거야.' 이런 생각을 했을지도 모른다.

1635년(인조 13) 12월에 홍타이지가 인조에게 보낸 국서에도 투정으로 해석될 만한 내용이 있다. 공유덕 등이 항복해 왔고 몽골도 그랬다고 자랑하면서 인조가 보낸 예전 국서에는 '봉(奉)' 자를 써서 자신을 우대하는 것 같더니 요즘 국서에서는 왜 그 글자를 안 쓰냐며 따진다. "나를 미미하게 여겨서 왕이 나를 가볍게 여김을 드러내는 것이 아니오?"[22] 새삼스레 인조에게 묻는다.

화이(華夷)를 구분하고 차별하는 성리학적 세계관이 지배하던 조선 조정에서라면 어려운 일이기는 했겠지만, 후금을 명과 비슷한 수준에서 예우했더라면, 그렇게 달랬더라면 전쟁을 피할 수도 있었을 것이다. 광해군 때 그 가능성이 있었다. 하지만 광해군이 폐위되면서 그 가능성이 사라졌다.

아이고, 모문룡

1621년(광해군 13) 12월 15일, 후금군이 조선을 침입했다. 정묘호란? 아니, 아직은 아니다. 정묘호란 일어나기 6년 전인 광해군 때 일어난 사건이다. 왜 후금군은 압록강을 건넌 걸까.

찬획사가 장계하기를 "15일, 노적(후금) 수천 기병이 의주를 경유, 몰래 강을 건너 모 총병의 군사를 습격하였는데 … 적의 군사가 질풍같이 임반(평안북도 선천)으로 습격해 왔기 때문에 문룡은 관복을 벗어 던지고 군사들 속에 들어가 섞여서 겨우 모면하였으며 … 적들이 문룡의 부하를 주살하니 사람들이 속수무책으로 당했습니다."[23]

모문룡(1576~1629) 하나를 잡으려고 후금 기병 수천 명이 조선 국경까지 넘어와 기습 작전을 펼쳤으나 실패했다. 모문룡은 구사일생 목숨을 구해 달아났다. 후금은 왜 이렇게까지 모문룡 잡기에 열을 올린 것인가.

후금에 모문룡은 목에 걸린 가시 같은 존재였다. 모문룡은 요동에 배치됐던 명나라 장수이다. 후금이 요동을 점령하자 조선 땅으로 피해 왔다. 후금의 지배를 받게 된 요동 주민들도 대거 모문룡에게 모여들었다. 모문룡은 요동을 수복하겠다고 큰소리쳐서 후금을 자극했다. 그래서 후금군이 모문룡을 기습했던 것이다.

한편 요동에서 피란 온 한인(漢人)들은 마치 자기들이 주인인 양 조선 백성들을 폭행하고 물품을 탈취하는 등 민폐를 일삼았다. 함경도와 평안도가 마치 중국 땅 같았다. 광해군에게 모문룡은 엄청난 골칫덩이였다.

이와 비슷한 일이 현대에 와서도 일어났다. 2008년 베이징올림픽 무렵 티베트에서 독립을 요구하는 대규모 시위가 벌어졌다. 중국 정부는 무자비하게 탄압했다. 서울 성화봉송 행사 때 티베트를 지지하는 우리 시민들이 시위를 벌였다. 그런데 중국 국기를 앞세운 중국 유학생들이 떼거리로 몰려와 우리 시민들을 구타했다. 대한민국 수도 한복판에서.

'저 골칫덩이를 어찌해야 할꼬.' 밤잠 못 자고 고민하던 광해군은 모문룡을 섬으로 들어가게 했다. 그래서 모문룡 세력이 철산 앞바다 가도에 똬리를 틀게 됐다. 요동이 후금에 점령되면서 조선과 명나라를 오가는 육로가 끊겼다. 이제는 바닷길만 이용해야 했다. 가도는 조선과 명을 잇는 거점이 되었다.

가도의 모문룡은 후금을 쳐서 요동을 회복하겠노라 거듭 밝혔다. 명 조정은 좋아라, 모문룡의 권위를 세워 주었고 후금은 그를 부담스러워하며 경계했다. 그러나 모문룡은 장수라기보다 사업 수완을 갖춘 사기꾼에 가까웠다. 가도를 해상무역의 마당으로 만들어 막대한 재물을 긁어모았다고 한다.

불쑥불쑥 뭍으로 군대를 보내 조선 백성의 가축을 끌어가고 민가를 약탈하고 주민을 죽였다. 요동을 치지도 못하면서 거짓 공적을 보고하는 등 온갖 거짓말로 자기 나라까지 속여먹었다. 조선 백성을 죽여서 머리를 후금군처럼 깎아 자신의 승전 증거로 삼기도 했다. "제가 무찌른 후금군의 수급입니다." 이런 식으로.

모문룡은 조선 조정에 엄청난 군량을 요구했다. 광해군은 데면데면 마지못해 응했고 인조는 허겁지겁 머리를 조아렸다. 인조는 왜? 책봉 때문이었다. 조선 국왕은 형식적이나마 명 황제의 책봉을 받아 공식적인 임금으로 자리매김해 왔다.

인조는 비정상적인 방법으로 즉위했기에 책봉에 더 목을 맬 수밖에 없는 처지였다. 명 조정은 인조의 약점을 이용하며 책봉을 차일피일 미뤘다. 인조는 피가 말랐다. 그래서 모문룡을 통해 책봉문제를 해결하려고 굽신굽신하였다.

1623년에 즉위한 인조를 명 황제가 책봉한 것은 1625년(인조 3)에 가서이다. 명 황제 희종은 인조를 책봉하겠다는 소식을 모문룡을 통해 조선에 전하게 했다.[24] 모문룡이 조선에서 마음대로 할 수 있도록 힘을 실어 주려는 술책이었다.

명에서 보내온 인조 책봉 교서에 이런 내용이 있다. "특별히 그대 이(倧)를 봉하여 조선의 국왕으로 삼노니 그대는 … 앞과 뒤에서 함께 군용을 이루어 원수를 함께 갚는 용맹을 더욱 떨칠지어다. 게을리하지 말아서 길이 아름다운 복록을 누리기 바라노라."[25] 책봉

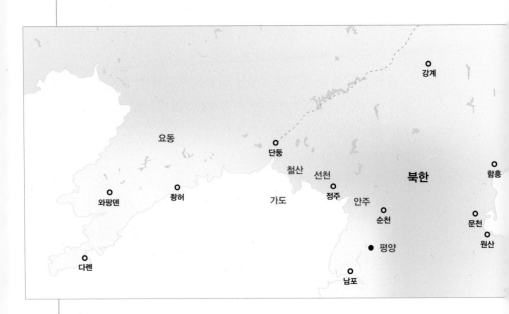

가도

가도는 평안도 철산 앞바다에 있는 섬이다. 요동반도와 아주 가깝다. 후금이 요동을 공격하자 그곳을 지키던 명나라 장수 모문룡이 조선으로 도망 왔고 급기야 가도가 모문룡 군대의 주둔지가 되었다.

해 주는 대신 명과 함께 후금을 쳐야 한다는 요구이다.

모문룡의 실제 병력 수준은 보잘것없었다. 인조 조정도 모문룡 군대의 허실을 인지하고 있었다. 인조가 예조판서 이정구(1564~1635)에게 물었다. 만약에 후금군이 침공하면 모문룡이 도와줄까? 이정구가 대답했다. "적병이 압록강을 건넌다고 하더라도 도독(모문룡)은 반드시 출정할 리가 없습니다. 그리고 거느리고 있는 것이 모두 오합지졸인데 어떻게 쓸 수가 있겠습니까."

이정구는 덧붙였다. 모문룡이 "부귀만 누릴 뿐 진취(進取)하려는 뜻이 없으므로 지각 있는 자는 모두 끝내 명나라에도 이롭지 못하고 우리나라의 깊은 걱정거리만 되지 않을까 걱정하고 있습니다."[26] 모문룡은 이정구의 예견대로 살았다.

도체찰사(都體察使, 비상시 군 최고지휘관) 장만은 인조가 기겁할 소리를 한다. "모병(毛兵)이 갈수록 더 침해하고 있는데, 조만간 내지에서 난동을 부릴 것이 분명합니다. 그러나 난동을 부린 뒤에는 격파하기가 어렵지 않습니다." 모문룡군을, 명나라의 모문룡군을 쳐부수자는 소리다. 인조 조정에서는 나올 법한 말이 아니다.

우리 백성을 모질게 침해하면 그게 명나라의 장수라고 해도 제압해야 한다는 장만. 당연하고 상식적인 대처다. 하지만 당시 조정은 비상식적인 허튼소리로 여겼다.

사관은 실록에 논평을 달아 장만을 비판했다. "사신(史臣)은 논한다. 장만은 … 쓸데없이 군사를 써서는 안 될 상황에서 군사를 사용하여 능력을 자랑하고 무용을 과시하려고 하는 등 … 통탄함을 금할 수 있겠는가."[27] 나도 통탄!

책봉이 마무리된 이후인 1626년(인조 4) 10월, 정경세가 인조에게 "신의 생각에는 도독(모문룡)의 정황에 점차 제멋대로 하는 형세가 있는 듯한데 천조(天朝, 명 조정)의 명령도 이미 순종하지 않고 있습니다."라고 보고했다. 모문룡이 명 조정의 말도 듣지 않는다는 것이다.

인조가 한탄하듯 말한다. "그렇다. 우리나라의 근심은 모 도독에 있지 노적에 있지 않으니, 노적에 대한 우환은 뒷전이고 모 도독에 대한 우환이 다급하다."[28] 침략할지 모를 후금보다 오히려 모문룡이 더 큰 우환이라고 했다. 그럼에도 인조는 모문룡에게 군량 공급을 계속했다. 조선 조정은 모문룡의 호구였다.

정묘호란 이후에도 마찬가지였다. 인조는 모문룡군이 우리 땅에서 철수할 때까지 군량을 계속 보낼 수밖에 없다고 했다. 그러자 호조판서 김신국이 볼멘소리로 한마디 했다. "모영(毛營)에 보내는 쌀이 국가 경비의 3분의 1이나 됩니다."[29] 허! 국가 경비의 1/3이란다.

모문룡은 정묘호란 때도 무사했다. 후금군이 잡으러 오자 먼바다로 달아났다. 그랬다가 살금살금 들어와서 조선을 오가는 후금 사신단을 기습하는 등 사고를 쳐서 조선 조정을 고단하게 했다. 그러나 2년 뒤 1629년(인조 7)에 죽임을 당한다. 후금이 아닌, 같은 명나라 장수 원숭환에게 붙잡혀 처형당했다. 제 나라를 속이고 기만한 죄였다.

원숭환은 후금에 아주 위협적인 존재였고 명에는 매우 귀중한 인물이었다. 패배를 모르던 누르하치가 원숭환이 지키는 영원성을 공격했다가 패퇴했다. 누르하치는 그 후유증으로 사망하게 된다. 누르하치 아들 홍타이지도 즉위한 뒤 원숭환의 영원성을 쳤다가 실패했다.

명 말기 병든 닭 무리 속에 유일한 학이었던 원숭환은 후금과 내통했다는 엉뚱한 모함을 받아 사형당한다. 망할 날 받아 놓은 나라의 공통점. 간신을 이뻐하고 충신을 미워한다. 간신을 키우고 충신을 죽인다. 명 조정을 매수해 원숭환을 죽이게 공작한 인물은? 바로 홍타이지였다.

오자마자 화친 카드

후금이 쳐들어왔다. 바야흐로 정묘호란이 시작되었다. 능한산성(평안북도 곽산)이 적에게 떨어졌다는 보고를 받은 1627년(인조 5) 1월 21일 조정. 도체찰사 이원익이 강력하게 분조(分朝)를 요청했다. 인조는 세자가 어리다며 머뭇거렸으나 결국은 수용했다. 당시 16세였던 소현세자는 조정을 나눠 이끌고 전주로 가고 인조는 강화도로 향했다.

인조가 아직 통진에 있을 때, 그러니까 강화도로 건너오기 직전에 장만이 보낸 긴급 보고를 받았다. 후금 사신이 오고 있다는 것이다. 이미 후금은 국경을 넘자마자 화친을 요구하는 문서를 보내오고 있었다. 뭔가 서두르는 느낌이다.

강화도로 달아난 조선 조정도 딱하지만 그렇다고 후금도 여유만만하지 못했다. 명나라의 배후 공격을 우려한 후금은 전쟁을 장기전으로 끌고 갈 처지가 애당초 아니었다. 병사들 먹일 양식도 말 먹일 꼴도 넉넉하지 않았다.

정묘호란 중이던 1627년(인조 5) 2월 23일, 평안도 관찰사 김기종이 치계(馳啓, 말달려 급히 보고함)했다. 명나라 원숭환이 후금 영토로 쳐들어갔고 그래서 의주에 주둔하던 후금군이 철수를 시작했다는 보고였다.[30] 이 일을 신달도가 기록으로 남겼는데 실록 등에는 나오지 않는다.

소문인지, 사실인지를 떠나서 조선으로 들어온 후금군은 등 뒤의 명나라 군사로 인해 뒤숭숭할 수밖에 없었다. 더구나 후금군의 최종 목표는 조선이 아니라 명이다. 병력 손실을 최대한 줄여야 한다. 빨리 화친을 맺는 게 유리했다.

후금군 지휘부의 의견도 일치하지 않았다. 다음은 강홍립이 인조에게 보고한 내용이다.

"귀영개(貴永介)의 아들 요토(要土)가 '조선은 우리와 원수가 아닌 만큼 이미 한 도를 쳐부쉈으니 지금 또 진군하는 것은 불가하다.' 하니, 여러 장수들이 모두 그에 따르고자 하였습니다. 수장인 왕자라고 칭하는 자가 불가하다고 하여 결국 황주로 진군하였습니다."[31]

후금 장수들 상당수가 조선과의 전쟁에 회의적이었다. 이왕자의 강압으로 진군하고 있을 뿐이었다. 이왕자(二王子)는 후금군 총사령관 아민이다. 이 상태라면 전투를 길게 지속하기 어렵다. 요토도 제 아버지 귀영개(누르하치의 장남)처럼 조선에 우호적인 마음을 갖고 있었던 것 같다.

그런데 후금이 침략을 개시하자마자 화친을 요구한 것을 일종의 작전으로 볼 수도 있을 것 같다. 어차피 단기간에 결판을 내야 한다, 전장을 조선 전역으로 확장할 수도 없다, 처음부터 화친을 내세워 조정의 의견을 분산시켜서 힘을 쓰지 못하게 해 보자, 이런 의도? 병조판서 이정구도 "적이 화친을 청한 것은 우리의 허실을 탐색하기 위한 것"[32]이라고 분석했다.

인조는 후금의 화친 카드를 받아들였다. 전쟁 시작과 거의 동시에 화친이 논의되는 애매한 상황이다. '싸워야 하는 거야, 말아야 하는 거야.' 들려오는 화친 소리에 조선의 백성도 군사도 헷갈렸을 것이다.

실제로 후금 군사를 죽이고도 오히려 처벌을 받을까 두려워서 그 시체를 땅에 묻어 숨기는 백성들이 있었다.[33] 후금군을 죽이기는 했는데 이게 상 받을 일인지, 아니면 벌 받을 일인지 혼란스러웠던 것이다. 만약 후금의 재빠른 화친 요구가 작전이라면, 그 작전이 성공하고 있는 셈이다.

1627년(인조 5) 1월 29일, 인조가 염하(鹽河, 강화해협)를 건너 강화 행궁에 들었다. 행궁은 지금 강화읍 고려궁지에 있었던 것 같다. 이후 후금의 사신이 거듭 왔다. 후금은 공식적인 화친 조건으로 두 가지를 내세웠다. 조선은 명나라와 절교하라! 후금이 형이 되고 조선이 아우가 되는 형제관계를 맺자! 이런 요구였다.

조선은 명나라 섬기는 일만큼은 절대 그만둘 수 없다고 했다. 그러자 후금은 자신들의 요구를 수용하면 즉시 철수하겠지만 그렇지 않으면 한양에 주둔하고 1년 동안 돌아가지 않겠다고 위협했다. 인조는 일단 단호했다. 신하들에게 말했다. "화친하는 일은 끝장났다."

그리고 명하기를 "국가가 존속하느냐 멸망하느냐가 이 한 섬(강화도)에 달려 있는데 주위가 넓고 커서 수비가 매우 소홀하니, 이 뒤의 군사는 다 이곳으로 들어오게 하라."[34] 하였다. 하지만 인조는 이내 화친 쪽으로 마음을 바꾼다. 사실 그게 본마음이기도 했을 것이다.

2월 11일, 후금 쪽에서 보내온 문서는 조선의 아픈 곳을 후벼판다. 대략 이런 내용이다. 조선의 국왕은 어찌 작은 절개만 지키려고 하고 백성의 안위를 거들떠보지도 않는가. 농사철이 다가오는데 백성들은 도망가고 붙들리고 도탄에 빠져 있다. 그들은 화친을 간절히 바라는데 국왕은 어찌 이리도 잔인한가.

그러나 후금도 내심 초조해졌다. 시간은 그들 편이 아니었다. 강화도를 공격할 능력도 안 됐다. 먼저 한발 물러나기 시작했다. 강화에 왔던 후금 사신단 가운데 한 명이 "명조(明朝)와 단절하지 않는 한 가지 일은 나름대로 좋은 뜻이니 꼭 강요할 것이 없다."[35]라는 말을 남기고 갔다. 조선의 명에 대한 사대를 그냥 인정하겠다는 소리이다.

조금 더 자세한 내용이 이정구의 행장(行狀, 고인 평생의 언행을 기록한 글)과 연보에 나온다. 이에 따르면, 병조판서 이정구·호조판서 김신국·이조참판 장유가 후금 사신단에게 평산에서 한 발자국도 넘어오지 말 것, 맹약을 정한 다음 날 철군하여 돌아갈 것, 철군한 뒤에는 압록강 연안을 다시 넘어오지 말 것 등을 요구했다. 그 대신 양국이 형제관계 맺는 걸 수용하겠다고 했다. 여기까지는 순조로웠다.

이정구 등이 밀어붙였다. "중국은 부자(父子)의 관계를 맺은 나라로 200년 동안 공경히 섬겨 왔으니 지금 귀국과 화친한다고 해서 배반할 수 없습니다." 이에 극력 반발하던 후금 사신 유해가 결국은 마음 돌려 입을 연다.

"일찍이 듣건대 조선은 예의의 나라라고 하더니, 지금 제공의 말을 듣고 보니 예의와 충신(忠信)이 천하에 으뜸이 될 뿐만이 아닙니다. … 우리 군대가 한 걸음만 앞으로 내디디면 개성과 왕경이 곧바로 잿더미가 될 것이요, 군사의 창칼이 온 나라를 뒤덮을 터이니, 망하지 않을 도리가 있겠습니까.

그런데도 신의를 지켜 시종 중국을 배반하지 않았으니, 참으로 존경할 만합니다. 내가 이러한 뜻으로 이왕자에게 보고하겠습니다." 하고 곧바로 글을 써서 밤중에 일기(一騎)를 급히 보내 문의하니, 이왕자가 답하기를, "조선이 중국 조정을 배반하지 않음은 그 뜻이 좋으니 그 뜻대로 하게 하고, 우리와 우호를 맺을 것만 굳게 약정하고 오라." 하였다.[36]

조선과 명의 관계를 끊어 놓겠다는 중대한 목표를 스스로 포기하고 만 것이다. 조선의 사정을 특별히 봐 주겠다는 후금 사신단의 허세 속에 그들의 초조함과 조급함이 스며 있다. 그 대신 후금군은 조선에서 보낸 외교문서의 연호 문제를 걸고 들어온다.

다음은 후금이 조선에 보낸 문서 내용을 요약한 것이다.

조선에서 보낸 문서에 천계(天啓)라는 명의 연호를 썼기 때문에 그대로 우리 임금에게 보고하기가 곤란하다. 귀국이 천계 연호로 우리를 제압하려고 하는 것 같은데, 우리는 천계에 소속된 나라가 아니다. 조선에 고유 연호가 없다면 우리의 연호 천총(天聰)을 쓰라. 앞으로 또 천계라는 연호를 쓴 문서를 보내면 받지 않겠다.[37]

조선은 당연히 후금 연호 '천총'을 거부했다. 대신 후금에 보내는 문서에 명의 연호 '천계'도 쓰지 않기로 한다.

한편 조선과 후금이 이견을 좁혀 가며 화친에 이르고 있을 때 이를 반대하는 상소가 계속 올라왔다. 강학년은 상소에서 "오랑캐가 사정상 화친을 명분으로 삼았지만 끝내 반드시 화친으로 우리나라를 그르치고 대세가 이미 기운 뒤에 이르러서는 오직 제 하고 싶은 대로 하려고 할 것"[38]이라고 했다.

화친은 항복인가

사간 윤황(1571~1639)의 상소는 매서웠다. 상소문[39]을 발췌 정리해서 옮긴다.

이름은 화친이지만, 사실은 항복이다. 우리 땅에 깊이 들어온 적병은 이미 피로하고 말도 지쳤다. 후원병도 없다. 우리는 임금을 구하려는 근왕병이 모이고 있다. 병사들에게 강나루를 지키게 하고 들판을 태워 비우고 기다리면서 적을 위협할 수 있다.

저들은 전진하여 싸울 수 없고, 후퇴해도 노략질할 데가 없어 열흘을 지나지 않아 저절로 무너질 것이다. 그러니 화친 말고 싸우자. 왜 제대로 싸워보지도 않고 화친만 하려고 하는가. 오랑캐에게 뇌물로 준 물품을 차라리 우리 군사에게 베풀라. 그러면 군사들의 사기가 크게 오를 것이다.

들어 보니 일리 있다. 후금군이 강하다 하나 빈틈도 많다. 왜 조선은 자꾸 움츠리기만 하나. 후금에게 내주는 각종 물품, 그걸 차라리 우리 군사들에게 베풀라는 말은 시원하기까지 하다. 하지만 인조는 분노했다.

특히 '항복'이라는 평가가 인조를 화나게 했다. "윤황의 상소에 이른바 항(降) 자는 극히 흉악하고 참혹하다. … 항복이란 무릎을 꿇고 신하라고 칭하는 것을 이르는 것이다. … 그대들은 비록 '항' 자를 괴이하게 여기지 않지만 나에게 있어서는 이 말이 극히 중요하니, 감히 그저 보아 넘길 수가 없다."[40]

인조는 윤황을 처벌하려고 했으나 신하들의 줄기찬 반대에 부닥쳐 뜻을 접었다. 승정원마저 반대하고 나섰다. "언관으로 있으면서 중벌을 받은 것은 혼조(昏朝) 때에도 흔히 보지 못하던 일인데 어찌 성명하신 전하께서 이렇게 전에 없던 잘못된 일을 하실 수 있겠습니까."[41]

아이구야, 광해군 때도 없던 일이라네. 인조는 밀어붙일 수가 없었다. 혼조(昏朝)의 혼(昏)은 어리석다는 뜻인데 그 밖에 어둡다, 요절하다 등 나쁜 뜻이 많이 담긴 글자이다. 혼조의 말뜻은 '임금이 혼미하여 국사를 잘 다스리지 못하는 조정'이다. 인조 조정에서는 광해군 때를 혼조라고 했고, 중종 조정에서는 연산군 때를 혼조라고 했다.

윤황을 어쩌지 못한 인조, 뒤끝이 좀 있었다. 윤황 처벌을 반대하는 신하들에게 한마디 했다. "그대들은 모두 유식한 사람인데 오랑캐에게 항복한 임금을 섬기는 게 수치스럽고 욕되지 않는가?"⁴²

그래도 인조는 임금다웠다. 윤황의 됨됨이를 인정했다. 1631년(인조 9)에 윤황을 대사성에 임명하더니 1635년(인조 13)에는 대사간으로 삼는다.

잠시 벗어나 삼사(三司)를 보자. 사헌부·사간원·홍문관을 삼사라고 한다. 이들 기관은 각각의 고유 업무가 있다. 사헌부는 감찰, 사간원은 간쟁, 홍문관은 학문과 자문이다. 이들이 특정 사안에 대해 뜻을 모아 공동 행동에 나서기도 한다. 이들이 연명으로 임금에게 글을 올리는 걸 합계(合啓)라고 한다. 합계의 위력은 상당했다.

사헌부와 사간원만 따로 묶어 양사라고 부른다. 사헌부의 수장을 대사헌이라고 하고 사간원의 수장을 대사간이라고 한다. 사간원의 주 업무인 간쟁은 임금의 잘못을 지적하고 비판해서 바로잡게 하는 것인데 사헌부가 함께하기도 한다. 간쟁하는 관리들을 보통 언관이라고 한다. 언관에게 임금의 잘못을 비판할 권한이 있으니 신하들의 잘못을 비판할 수 있는 건 당연했다.

임금은 원칙적으로 간쟁하는 이들을 처벌할 수 없다. 듣기 싫은 소리 했다고 이조판서를 벌할 수는 있어도 양사의 관원은 건드릴 수 없다.

이론상 간쟁은 왕권을 제약하는 것이 아니라 임금이 더 좋은 임금이 되도록 돕는 행위이다. 삼사가 제 기능을 발휘할 때는 임금의 독단적인 일 처리를 예방하고 관료의 부패와 신권(臣權)의 비대화를 막아서 조정의 균형을 잡을 수 있었다.

그러나 국익이 아닌 자신들의 이익, 당파의 이익을 위해 권한을 행사하게 될 때는 조정의 균형이 깨지고 지저분한 싸움질의 온상이 되기도 한다.

이제 원위치! 인조에게 화친이 아니라 항복이라는 말 폭탄을 던진 윤황은 사간원 소속의 언관이었다. 원칙적으로 처벌할 수 없는 자리이다. 그래서 승정원까지 나서 처벌을 반대했던 것이다. 승정원은 지금의 청와대 대통령비서실과 기능이 비슷하다. 하지만 승정원은 임금의 뜻에 맹목적으로 따르지 않았다. 아니다 싶을 땐 아니라고 말했다.

윤황으로 인조가 심란할 때 후금 쪽에서 편지가 왔다. "금나라의 이왕자는 조선 국왕 휘하에 글을 보냅니다. 화친의 우호를 체결함은 두 나라의 소원인데 맹세가 없으면 어떻게 진실됨을 믿을 수 있겠습니까. 지금 귀 국왕이 고집하여 지체시키면서 맹세하지 않고 있으니, 이는 화친을 말하면서 속으로는 화친하고 싶지 않은 것입니다."[43]

맹세의 의식, 즉 맹약(盟約)이 필요하다는 이왕자(아민)의 요구이다. 아민이 요구한 맹약은 조선에 상당히 부담스러운 의식이었다. 가축을 잡아 그 피를 마시며 서로의 약속을 어기면 기꺼이 벌을 받겠다고 하늘에 맹세하는 행위이다.

논란 속에서 조선은 양국의 맹세 의식을 치르는 것으로 조약 체결을 완결한다는 방침을 정한다. 의식에 임금이 어느 선까지 참여할 것인지에 대한 논의도 이어졌다. 후금은 인조가 직접 의식 장소에 와서 삽혈(歃血, 서로 맹세할 때 짐승의 피를 마시는 일)해야 한다고 주장했다.

의외로 인조는 그렇게 하겠다고 했다. 신하들이 강력하게 반대했다. 신하들은 임금이 상중(喪中)임을 내세워 후금 사신을 설득했고, 그래서 인조는 분향만 하는 것으로 합의가 이루어졌다.

1627년(인조 5) 3월 3일, 드디어 조선과 후금은 맹세 의식을 통해 화친조약을 맺었다. ① 조선은 명과의 관계를 그대로 유지한다. ② 후금과 조선은 형제관계를 맺는다. 이게 주요 내용이다.

후금이 명목상 형의 나라가 되었고 조선은 동생의 나라가 되었다. 조선은 세폐(歲幣)라는 이름의 전쟁 배상금도 물게 됐다. 그래도 인조는 이 정도에서 호란이 수습된 것을 다행스럽게 여겼을 것이다.

그러나 잃은 것이 많았다. 반정의 정당성을 상실했다. 정권의 자체 명분도 잃었다. 광해군의 중립외교를 그렇게도 비판했는데, 오로지 명나라만을 섬겨야 한다고 외쳤는데, 그래서 광해군을 폐위시키기까지 했는데 정작 자신들은 명나라를 배신한 꼴이 되었다. 후금과 형제관계를 맺으면서 어쨌든 친금(親金)을 공식화한 셈이 되었다. 자괴감, 무력감. 인조가 감당해야 할 몫이었다.

정권 안보, 국가 안보

수십만 침략군을 거뜬히 물리쳤던 고구려요, 고려였다. 아무리 후금군이 강하다지만, 많지도 않은 침략군에게 조선은 너무 쉽게 뚫렸다. 침략한 후금군의 규모는 얼마나 됐을까.

대략 3만이라고 한다. 조선이 명나라에 정묘호란의 경과를 알리는 문서에 "노적(奴賊) 3만여 기가 갑자기 의주를 습격"[44]하면서 전쟁이 시작됐다고 썼다.

그런데 그 3만이 다 정예 전투 병력은 아니었다. 홍타이지는 병사들을 수발할 보조 인력을 함께 보냈다. 평안도 관찰사 김기종이 인조에게 보고하기를, 적병이 4만이라고 하지만 실은 1만 4천에서 1만 5천에 불과하며 상당수는 오랑캐 변발을 한 우리나라 백성이라고 했다.[45] 후금군이 쳐내려오면서 조선의 장정들을 잡아 바로 머리를 깎여서 자기네 부대에 밀어 넣은 것으로 보인다.

광해군 때 명 지원군으로 참전했다가 후금의 포로가 됐던 강홍립이 후금군의 일원으로 조선에 왔다. 강화도에 사신으로 온 강홍립에게 인조가 물었다. 침략한 후금군이 몇 명이나 되느냐고. 강홍립은 "모두 8개의 군영인데 군영마다 각 2천 명입니다."[46]라고 대답했다. 2,000×8=16,000. 정예병은 1만 6천 명이라는 얘기다.

정리해 보면, 후금 침략군의 전투병력이 1만 수천 명 정도였고 여기에 짐을 나르고 수발하는 비전투 인력과 졸지에 붙들려 후금군에 포함되어 버린 조선 백성까지 더해서 3만 명 정도의 규모였던 것으로 보인다.

1만여 후금군에게 허망하게 무너진 이유는 군사력이 약해서이다. 조선의 약한 군사력이 더 허약해진 또 다른 이유가 있었다. 살펴보자.

이괄의 반란(1624)으로 식겁했던 조정은 역모에 대한 감시를 전방위적으로 확대했다. 어쩔 수 없이 '공안정국'이 조성됐다. 문제는, 거슬리는 사람들에게 역모의 죄를 씌워 처벌하는 일이 거듭됐다는 것이다. 목성선 등이 상소하여 이 문제를 지적했다.

나랏일에 대해 말하는 자를 모역(謀逆, 반역을 꾀함)한다고 지목하고, 권세가의 비위를 거스른 자를 모역한다고 지목하고, 재능을 지니고도 벼슬하지 않는 자를 모역한다고 지목하니, 사람들이 모두 두리번거리며 두려움에 숨을 죽이고 어찌할 바를 모른 채 앉아서 언제 닥칠지 모르는 죽음만을 기다리고 있습니다.[47]

조정에서 목성선의 상소에 대한 비판이 일자 인조는 이렇게 말했다. "목성선 등이 진달한 소장의 내용은 실로 곧은 논의인데 그대들은 괴이하고 망령되다고 배척하니, 그대들의 뜻을 참으로 이해할 수가 없다." 그리고 목성선 등에게 "내 깊이 유념하고 스스로 경계하겠다."라는 대답을 내렸다.

그러나 상황은 좋아지지 않았다. 특히 군사를 지휘하는 장수들이 역모의 함정으로 떨어질 위험성이 컸다.

남이흥(1576~1627)이라는 장수가 있었다. 아버지가 노량해전에서 전사하자 글공부를 단념하고 무예를 닦아 무인의 길로 들어섰다고 한다. 이괄의 난을 진압하는 데 큰 공을 세웠다. 정묘호란 때 요충지 안주성(평안남도 안주)을 지키고 있었다.

적이 청천강을 건너 안주를 급히 공격하였는데 절도사 남이흥, 방어사 김준 등이 성을 돌면서 굳게 지키자 적은 운제(雲梯, 공성용 사다리)를 사용하여 전 병력이 개미떼처럼 붙어 올라왔는데 세 차례 싸워 모두 물리치니 적의 사상자가 매우 많았다.

오랫동안 혈전하였으나 힘이 다해 성이 함락되자 남이흥·김준 등 장관 수십 명은 진영 안에 화약을 쌓고서 스스로 불타 죽었고 성

을 지키던 군사와 백성 수만 명은 모두가 도륙당하였다.[48]

이렇게 그는 세상을 떠났다. 헤아릴 수 없이 많은 백성과 함께. 1627년(인조 5) 3월 26일, 강화도 조정. 이식이 인조에게 아뢰었다. "남이흥도 기찰(譏察)의 문제로 한 번도 합조(合操)하지 못하였다고 하니 애석한 일입니다."

애석한 게 아니라 한심한 일이다. 기찰은 감시당했다는 의미요, 합조는 군사를 모아 훈련하는 것이다. 이게 무슨 말인가. 이괄의 난 이후 장수들은 특히 서북지방 장수들은 군사 훈련을 제대로 하지 못했다. 반란을 꾀하는 것으로 의심받았기 때문이다.

'저놈이 반란하려고 군사를 모으나?' 의심하고 감시하는 눈초리가 번뜩이는데 어찌 적의 침략에 대비한 훈련을 할 수 있었겠는가.

남이흥은 숨을 거두기 직전 이렇게 말했다고 한다. "조정에서 내가 마음대로 군사를 훈련하고 기를 수 없게 했는데, 강한 적을 대적하게 되었으니 죽는 것은 내 직책이나, 다만 그것이 한이로다."

정권 안보를 빌미로 국가 안보를 스스로 허문 인조 조정이었다.

용골산성이 있었다

정묘호란 전투에서 값진 승리도 있었다. 평안북도 용골산성이다. 거듭되는 후금군의 공격을 죄다 격퇴했다. 용골산성을 지키는 주력은 백성, 그러니까 의병이었다. 그들을 지휘한 의병장은 정봉수(1572~1645).

수십 년 몽골의 침략을 막아낸 고려, 강화도 천도가 발판이 됐으나 실로 나라를 지켜낸 것은 육지의 백성이었다. 관군은 일찌감치 무너졌다. 조선의 임진왜란은 말할 것도 없다. 용골산성 사람들, 남녀노소 구분할 필요가 없었다. 여인들도 아이들도 재를 뿌리고 돌을 던지며 침략군에 맞서 싸웠고 그렇게 성을 지켜냈다.

정봉수가 처음부터 용골산성 의병을 지휘한 것은 아니다. 용천부사 이희건이 전사하고 중군 이충걸은 도망가고 미곶첨사 장사준이 항복하면서 성이 함락될 상황이었다. 그런데 성안의 백성들은 포기하지 않고 영산현감을 지낸 정봉수를 의병장으로 추대했다. 정봉수는 탁월한 지휘력으로 후금군을 격퇴했다.

조선과 후금이 화친조약을 체결한 뒤에도 용골산성은 계속 저항했다. 철수하던 후금군이 집결해서 총공세를 펼쳤다. 아주 작정하고 덤벼들었다. 성안 사람들은 굶주려 꺾인 허리를 억지로 세우며 활을 쏘고 돌을 던졌다. 이번에도 후금군은 대규모 사상자를 내고 패퇴했다.

용골산성에서 후금군에게 항복했던 미곶첨사 장사준. 그는 재빠르게 머리를 깎아 여진족처럼 변발했다. 후금군의 지원을 받아 용천부사 행세를 했다. 제 아내를 바치고 얻은 대가였다. 팔아먹을 게 따로 있지, 어찌 제 아내를 팔아먹나.

장사준은 백성들에게 머리를 깎게 하고 거부하면 죽였다. 관곡을 풀어 후금군을 먹이고 백성들 소를 빼앗아 또 후금군을 먹였다. 더해서 정봉수에게 글을 보내 항복하라며 거들먹거렸다. '이놈 어디 보자.' 정봉수는 은밀히 군사를 풀어 장사준을 기습해서 목숨을 끊어 놓았다.[49]

10년 뒤 병자호란, 남한산성의 인조가 물었다. "정봉수는 어디로 갔는가?" 정묘호란 때 그의 활약을 생생히 기억하는 인조, 정봉수가 절실했다. 신하가 대답한다. "병으로 시위(侍衛, 임금을 모시어 호위함)할 수 없어서 미처 오지 못하였습니다." 그때 정봉수 나이 65세였다. 낙담한 임금은 이렇게 말했다. "정봉수가 왔다면 물을 일이 많은데 병으로 오지 못했으니, 매우 안타깝다."[50]

의병. 용골산성만이 아니었다. 곳곳에서 의병이 일어났다. 그러나 임진왜란에 비하면 참으로 미미했다. 인조가 다급하게 의병봉기를 청했으나 생각보다 호응이 적었다. 왜 그랬을까. 후금군의 침범 영역이 일부 지역으로 한정됐다. 전쟁 초반에 바로 화친이 진행된 것도 영향을 끼쳤다.

그리고 민심 이반도 한 원인으로 보아야 할 것이다. 반정이 일어나고 이어서 이괄이 반란을 일으키고 임금은 피란 갔다가 겨우 돌아오고 이어서 후금이 침략하고. 세상이 몹시도 어수선하였다.

백성의 사늘한 눈빛

어수선한 세상, 조정을 바라보는 백성의 눈빛이 사늘하였다. 남원 사람 조경남(1570~1641)은 임진왜란 때 왜군과 맞서 싸웠던 인물이다. 후금 침략군에 맞설 의병을 모으다가 백성의 호응이 너무 없어서 포기하는 걸 지켜보며 탄식했다.

아, 슬프다. 나랏일이 어찌 이 지경에 이르렀는가? 임진년 난리에는 관군이 비록 무너졌으나 의병이 구름같이 일어나 … 중흥의 공도 이에 힘입었으니, … 맨주먹을 쥐고 칼날을 무릅쓰며 목숨을 바쳐 국가를 보전한 자가 있었기 때문이다. 본도로만 말하여도 이처럼 한 이가 얼마나 많았던가?

그런데 어찌하여 오늘에 와서는 적이 경내에 침범하기도 전에 먼저 도피할 꾀만 생각하고 의병을 모집한다는 말을 들으면 비방하고 비웃고, … 한 사람도 선뜻 응하여 출두하는 자가 없으니…:[51]

인조가 즉위하자 백성들은 기대의 눈빛으로 조정을 바라보았을 것이다. 광해군 사람들보다 인조 사람들이 더 나을 거라고 여겼을 것이다. 또 그래야 했다. 그러나 이내 기대는 실망으로 바뀐 것 같다. '그놈이 그놈'이었나보다. '그놈이 그놈'이 아닌 세상을 살고 싶었는데 말이다.

인조 즉위 3년째인 1625년, 여염에 상시가(傷時歌)가 떠돌았다.[52] 상시가란, '그릇된 시대상을 마음 아파하는 노래'이다.

아, 너희 훈신들아, 스스로 뽐내지 마라.
그들의 집에 살면서, 그들의 땅을 차지하고
그들의 말을 타며, 또 그들의 일을 행하니
너희와 그들이 다를 게 뭐 있나?

상시가를 통해 백성들이 인조 정권에 물었다. 뭔가 대단한 걸 할 것처럼 반정 일으켜 들어선 정권아, 너희와 광해군 때 그들과 뭐가 다른 거냐?

정묘호란

그래, 죄는 내게만 물어라

한양 도성 서북쪽 안현(서울 무악재). 피와 살이 튀는 살벌한 전투! 도성을 지키려는 자와 빼앗으려는 자. 쉬 승부를 예단할 수 없는 격전. 때는 1624년(인조 2) 2월 11일. 드디어 결판이 났다. 도성을 지키려던 자가 졌다.

그 주인공은 이괄(1587~1624). 평안도 영변에서 반란을 일으켜 한양 도성까지 장악했던 이괄이 무너졌다. 반란군을 진압하고 도성을 회복한 이가 장만(1566~1629)이다.

이괄의 난이 일어나기 1년 전, 인조는 도원수 장만에게 물었다. "만약 명과 함께 후금을 친다면 우리 군사가 어느 정도면 되겠소?" 장만은 10만 명이 필요하다고 말했다.

그러자 인조는 우리 형편상 10만 명은 불가능하다고 했다. 장만은 최소 5만 명은 되어야 한다고 다시 대답했다.[53] 그러나 당시 조선의 형편은 쓸 만한 군사가 5만도 되지 않았다.

그랬는데 이괄의 난으로 더 쪼그라들었다. 이괄이 거느린 군대는 평안도에서 여진을 막을 조선 정예 부대였다. 1만 명이 넘었다. 그들 상당수가 이괄에 내몰려 반란군이 되었다가 죽고 말았다. 반란군을 진압한 장만의 관군도 많이 죽었다. 유능한 지휘관들도 그렇게 사라졌다. 반란이 없었다면, 3년 뒤 겪게 되는 정묘호란의 전개 양상이 사뭇 달라졌을 것이다.

직장에서 어떤 상사를 만나느냐에 따라 삶이 행복할 수도 있고 불행할 수도 있다. 정말 짜증 나는 상사를 만나면 인생이 고통스럽기도 하다.

장만 초상

공식 명칭은 '장만선생영정'이다. 이괄의 난을 진압한 공으로 진무공신이 되었는
데 그때 나라에서 그려 준 공신도인 것 같다. 반란 진압 중에 한쪽 눈 시력을 잃었
다. 그래서 눈을 가린 형태의 초상화가 되었다. 그의 사당 옥성사에 있었는데 경기
도박물관으로 옮겨졌다.

몸으로 해야 할 일을 입으로 하는 상사, 일은 아랫사람에게 미루고 공은 독차지하려는 상사, 뭔가 잘못되면 아랫사람에게 덮어씌우고 자신은 쏙 빠져나가는 상사, 자신이 해결해 줘야 할 곤란한일 앞에서 "나는 모르는 거로 할게. 서로 잘 상의해서 해." 그러고내빼는 상사. 싫다.

나중에 장만이 세상을 떠나자 최명길이 장만의 일생을 정리했다. 그 가운데 이런 내용이 있다.

"오래도록 병권을 잡고 있어, 나라의 무인들이 모두 그의 문하에서 나왔다. … 그들의 춥고 배고픈 것을 동정하고, 곤경에 처한사람 구제하기를 친척같이 하였다. 다른 사람과 함께 일을 하다가일이 이루어지면 공을 그 사람에게 돌리고, 일이 실패하면 그 허물을 자신이 덮어썼다. 그래서 사람들이 공에게 쓰이는 것을 즐거워하였다."

일이 이루어지면 공을 그 사람에게 돌리고, 일이 실패하면 그허물을 자신이 덮어썼다! 아름다운 지도자상이다.

정묘호란이 끝나자 신하들은 후금군을 격퇴하지 못한 장만을처벌하라고 외쳤다. 장만은 도체찰사 겸 병조판서로 육지 방어 책임자였다. 그런데 직접 지휘할 군대조차 없는 처지였다. 그래도 전장에서 이리 뛰고 저리 뛰며 힘을 다했다. 그때 조정 신하들은 안전한 강화도에 있었다.

그랬는데 후금군이 물러가자 장만을 처벌하라고 나선 것이다.좀 얄밉게 느껴지기도 하지만, 도의적 책임을 묻는 행위를 무조건잘못됐다고 하기도 어렵다.

장만을 처벌하라는 신하들의 요구를 인조는 계속 거부했다. 그랬는데 장만이 스스로 귀양 보내 달라고 청했다. 처벌받겠다고 나선 것이다. 장만은 아픈 몸을 이끌고 충청도 부여로 귀양 갔다. 왜 그랬을까?

임금의 부담을 덜어주려고 그랬다. 그리고 자신의 부하 장수들을 지키려고 그랬다. '어차피 조정은 희생양을 찾을 것이다, 내가 안 가면 내 부하들이 다치게 될 것이다, 부하들을 보호하려면 내가 벌을 받아야 한다.' 이런 생각이었다. "사람들이 공에게 쓰이는 것을 즐거워하였다."는 평가가 이해된다. 이런 상사 아래서라면, 뼈 빠지게 일해도 힘들 것 같지 않다.

그대여, 장만 같은 상사를 만나시길. 장만 같은 상사가 되시길.

지금, 혹시, 못된 상사를 속으로 증오하고 있다면? 증오하지 말고 그 상사를 차라리 가엾게 여기라. 남을 증오하면 할수록 당신 자신만 힘들어진다. 왜 스스로 스트레스를 생산하는가. 잘못한 상대는 마냥 즐겁게 사는데. 그대여, 바보처럼 살지 마시라.

조약 맺은 장소는 연미정이 아니다

조선과 후금이 화친조약을 맺은 장소는? 연미정이라고 널리 알려져 있다. 그런데 조약 맺은 장소가 연미정이라고 알려 주는 근거가 찾아지지 않는다.

김노진은 《강화부지》(1783)에 조약 맺은 장소가 진해루라고 썼는데, 뭔가 착오가 있었던 것 같다. 진해루는 후금 사신을 접대했던 장소 가운데 하나이지 화친을 맺은 곳은 아니다.

옥성사
장만 사당이다. 그가 살던 통진, 지금의 경기도 김포시 하성면에 있다.

그러면 진짜 장소는 어디일까? 지금의 강화읍내, 고려궁지 자리쯤에 있었을 강화부와 그 주변에서 조약을 체결했다. 이제 그 근거를 살펴본다. 우선 맹약을 통해 최종 조약을 맺는 1627년(인조 5) 3월 3일의 실록 기록을 보자.

이날 밤 상(上, 임금)이 대청에 나가 향을 피우고 하늘에 고하는 예를 몸소 행하였다. … 좌부승지 이명한이 맹세문을 읽었다. … 예를 마치고 상은 환궁하고 … 오윤겸·김류·이귀 … 등이 유해(후금 사신)와 함께 서단(誓壇)에 이르렀다. 호인들이 소와 말을 잡아 혈골(血骨)을 그릇에 담았다. 이행원이 맹세문을 낭독하였다. … 남목태(후금 사신) 등도 맹세하기를, … 하였다. 맹세하는 절차를 마치자, … 접대하는 재신(宰臣)들이 유해를 성 밖에서 전송하였다.

인조가 향을 피운 대청마루는 어느 건물의 마루인가. 강화에서 인조를 보좌한 이정구(1564~1635)의 《월사집》에 "상은 단지 본부(本府)의 대청에서 분향만 하고 승지에게 맹세하는 글을 읽게 하였으며…"라고 나온다. 이형상도 《강도지》(1696)에 '본부의 대청'이라고 썼다.

조약을 맺고 약 한 달이 지나서 인조가 후금과의 화친 사실을 명나라에 알리는데, 그 글에서도 맹약의 장소를 '강화의 부[江華之府]'라고 했다.[54] 연미정이 아닌 것이다. 여기서 본부, '강화의 부'는 강화도호부를 가리킨다. 아직은 강화유수부가 아니다.

의식을 마친 후 인조는 행궁으로 돌아갔다. 우의정 오윤겸 등이 후금 사신 유해를 데리고 서단으로 이동해서 서로 맹약한다. 그리

월곶돈대

밖에서는 보이지 않는데, 이 돈대 안에 연미정이 있다. 돈대는 진과 보에 속한 해안 경계 초소이다. 병자호란 이후인 숙종 때 52개, 영조 때 1개, 고종 때 1개, 그래서 모두 54개의 돈대가 강화도 해안을 빙 둘러 세워졌다.

고 성 밖에서 유해를 배웅한다.

이날 맹약은 1부와 2부로 나누어진 셈이다. 1부는 도호부에서 인조가 향을 올리고 2부는 서단으로 이동해서 소와 말을 잡고 양국 신하가 맹세문을 읽는 것으로 마무리됐다. 서단은 강화도호부 관아에서 멀지 않은 야외에 설치됐다.

《강도지》에 맹세의 단, 즉 서단을 설치한 장소가 서교(西郊)라고 나온다. 본부를 중심으로 서쪽 외곽이라는 의미이다. 이긍익은 《연려실기술》에 단을 쌓은 장소가 서문 밖이라고 적었다.

그렇다면 연미정이 화친조약을 맺은 장소로 알려지게 된 이유는 무엇일까. 다름이 아니라 조선 대표와 후금 사신들이 연미정에서 자주 만났다. 후금 사신들이 주로 풍덕(개성 개풍)에서 배를 타고 와서 연미정 앞에 내렸다.

1627년(인조 5) 2월 15일에는 후금 사신 유해가 연미정에서, 화친하게 되면 조선에 피해를 주지 않고 물러가겠다는 다짐의 글을 올리기도 했다.[55] 양국이 화친을 맹세한 것이 아니라 화친조약을 맺게 되면 후금군이 곧바로 철수하겠다는 다짐이었다. 이러한 기록들로 말미암아 연미정이 조약을 체결한 장소로 잘못 알려지게 된 것 같다.

이제 조선과 후금이 화친 의식을 치르며 어떤 내용의 맹세를 올렸는지 3월 3일의 실록 기사를 다시 보자. 먼저 좌부승지 이명한이 대신 읽은 인조의 맹세문이다.

우리 두 나라가 이미 화친을 결정하였으니 이후로는 서로 맹약을 준수하여 각각 자기 나라를 지키도록 하고 잗다란 일로 다투거

연미정

나 도리에 어긋나는 일을 요구하지 않기로 한다. 만약 우리나라가 금국을 적대시하여 화친을 위배하고 군사를 일으켜 침범한다면 하늘이 재앙을 내릴 것이며, 만약 금국이 불량한 마음을 품고서 화친을 위배하고 군사를 일으켜 침범한다면 역시 하늘이 앙화를 내릴 것이니, 두 나라 군신은 각각 신의를 지켜 함께 태평을 누리도록 할 것이다.

이번에는 서단에서 소와 말을 잡고 이행원이 읽은 조선 측 맹세문이다.

지금 이후로는 마음과 뜻을 함께할 것이니, 만약 금국을 적대시하여 조금이라도 불선한 마음을 갖는다면 이처럼 피와 골이 나오게 될 것이고 만약 금국 대신이 불선한 마음을 갖는다면 역시 피와 골이 나와 하늘 아래서 죽게 될 것이다. 두 나라의 대신들은 각각 공도(公道)를 행하여 조금도 속임이 없어야 할 것이다.

후금의 맹세는 이러했다.

두 나라가 이미 아름다운 화친을 맺었으니, 이후로는 마음과 뜻을 함께해야 한다. 만약 조선이 금국을 적대시하여 병마(兵馬)를 정비하거나 성보(城堡)를 새로 세워 불선한 마음을 갖는다면 하늘이 앙화를 내릴 것이며 이왕자도 만일 불량한 마음을 갖는다면 하늘이 재앙을 내릴 것이다.

후금은 맹세문 속에 조선에 대한 구체적인 요구 사항 두 개를 집어넣었다. 군사와 말을 정비하지 말 것, 성을 쌓지 말 것!

그런데 연미정은 이름이 왜 연미정일까. 바다까지 내려온 한강이 연미정 앞에서 둘로 갈려 흐른다. 한 갈래는 남쪽 갑곶으로 흐르고 한 갈래는 서쪽 교동 방향으로 흐른다. 두 갈래로 흐르는 모양이 제비 꼬리 같다고 하여 정자 이름이 연미정(燕尾亭)이 되었다.

연미정이 처음 세워진 때가 언제인지 알 수 없으나 고려 대몽항쟁기에 이미 존재했다. 《강도지》(1696)에 "고려 고종이 시랑 이종주에게 명하여 이곳(연미정)에 구재(九齋)의 생도를 모이게 하여 여름 공부[夏課]를 하게 했는데 55명의 명단이 있다."고 했다. 《강화부지》(1783)는 연미정에서 하과를 통해 55인을 추려냈다고 하면서, 그 시기를 1244년(고종 31)이라고 밝혔다.

연미정은 정묘호란 당시 유해를 비롯한 후금 사신단을 접견하고 교섭하고 연회를 베풀어 주고 또 잠자게 한 곳이다. 그때가 음력 2월, 절기는 봄이라 하나 여전히 추울 날씨다. 바닷가 언덕이라 더 춥다. 지금처럼 사방 뻥 뚫린 정자에서 먹이고 재웠을 리 없다. 말이 안 된다.

말이 되도록 두 가지 추정을 해 본다.

먼저 정묘호란 당시 연미정이 지금과는 모양이 달랐을 가능성이다. 정(亭)이라는 글자 들어가는 옛 건물은 다 사방이 트여 있나? 그렇지 않다. 온돌 갖춘 방 구조로 되어 있는 것들도 여럿이다. 정묘호란 당시 연미정도 사방에 벽이 있는, 난방이 가능한 형태였을 수 있다.

지금처럼 개방된 구조는 1744년(영조 20) 이후의 모습일 것이다.

1744년 그때, 건물은 무너지고 이름만 남아 있던 연미정을 강화유수 김시혁이 다시 지었다.

또 한 가지 추정, '연미정'을 정자와 함께 그 근처에 있는 관사를 포함하는 개념으로 보아야 할 것이다. 벽란도의 벽란정이 정자 이름이면서 중국 사신이 묵던 관사의 명칭이기도 했던 것처럼 말이다.

'연미정에서 잤다'는 말은 '연미정에 딸린 관사에서 잤다'는 말로 이해할 수 있을 것이다. 조금 더 확산하면 '연미정'을 '연미정이 있는 마을'의 의미로 해석할 수도 있다.

관사가 있었다고 해도 아주 넓지는 않았던 것 같다. 후금 사신단 규모가 클 때는 연미정 주변 민가를 빌려 숙소로 쓰게 했다. "호차(胡差, 후금 사신) 유흥조 등과 종호(從胡, 수행원) 13명이 4경 말에 연미정 근처 황치경의 집에 유숙했다."[56]는 기록을 통해 짐작할 수 있다.

위로가 필요해

조정이 강화도에 내려와 있으면서 민폐가 컸다. 주민들이 참 고단했다. 인조는 강화에 들어오기 전날 미리 "백관(百官)과 장사(將士)가 강도(江都)에 들어간 이후에 만일 민간에 폐해를 끼치는 일이 생기면 그 죄를 면하기 어려울 것"이라고 경고했다. 하지만 폐를 끼칠 수밖에 없을 것임을, 그래서 자신의 경고가 헛경고임을 알고 있었을 것이다.

"여염집의 주인들은 모두 점점 군막 짓는 것을 피해 멀리 떠나가 그들이 살 곳을 잃었을 뿐만이 아닙니다. … 게다가 사대부 집의 노비와 무지한 군졸 무리가 땔나무를 마련하기 어려워지자 민가를 철거해서 불을 때고 있습니다. 비록 사대부가 시켜서 한 짓이 아니라 하더라도 다시 부정한 방법으로 피해를 입히는 자가 있다면 비록 사대부라 하더라도 반드시 벌을 주어 용서해서는 안 됩니다."[57]

도승지 홍서봉이 인조에게 이렇게 청했다. 강화 주민들이 군막 짓는 데 동원됐던 것 같다. 그 일이 너무 고되어 집을 버리고 도망가 버리는 지경이었다. 사대부집 노비와 군졸들은 멀쩡한 민가를 헐어 땔감으로 쓰는, 기막힌 짓을 했다.

좀 나중 일이기는 하지만, 강화부 공방(工房) 소속 향리가 자살하는 사건이 벌어졌다.[58] 조정의 이 관청 저 기관에서 요구해대는 게 하도 많아서 도저히 감당할 수 없었다. 빨리 처리해 달라는 겁박까지 받으며 결국 택한 것은 스스로 목숨을 버리는 것이었다.

어떻게든 강화 주민을 다독일 필요가 있었다. 2월 1일, 인조가 승정원에 강화 주민을 직접 만나 위로하겠다고 했다. 그러자 신하들이 말했다. 말로만 해서는 효과가 없다, 세금을 면제해 주고 관에서 빌려 주었던 곡식들도 탕감해 주는 게 좋겠다. 인조는 그렇게 하겠다고 했다.

2월 2일 성문 밖으로 나간 인조는 거기 모인 인사들에게 세금을 면제하겠다고 말하며 위로했다. 그리고 '건의사항'을 직접 들었다. 누군가 이런 요청을 했다. 목장을 경작하게 해 주십시오! 목장? 소 목장? 아니, 말 목장이다.

진강목장성

강화군 양도면에 진강산이 있다. 혈구산과 마니산 사이다. 산 중턱에
온전하지 않은 돌무지가 몇백 미터 길게 이어진다. 얼핏 산성 같으나
만듦새가 야무지지 않다. 안쪽 지대가 낮고 바깥이 높다. 진강목장의
경계, 말이 넘어가지 못하게 쌓은 돌울타리로 여겨진다.

말 목장, 하면 당연 제주도다. 그런데 조선시대에 강화에도 목장이 여러 개 있었다. 태종은 한때 강화 주민을 모두 뭍으로 이주시키고 섬 전체를 말 목장으로 만들려는 생각까지 했었다.

병조가 아뢰기를, 양마가 나는 곳으로는 제주도 외에 강화의 진강 … 등이 가장 유명합니다. 요즈음 무사들이 가지고 있는 전마 가운데 유명한 것과 진공하기에 합당한 말은 모두 진강 … 등에서 나오는데, 재품(才品)이 제주산과 서로 비등하며 진강에서 나온 것은 강건하기가 제주산보다 낫습니다.[59]

선조 때 병조는 진강목장의 말이 제주산보다 강건하다고 보고했다. 강화의 여러 목장 가운데 진강목장 규모가 제일 컸다. 둘레가 수십 리에 달했는데 많을 때는 1,700여 필, 적을 때는 150필 정도를 키웠다고 한다.

조선 후기, 여러 사정으로 강화의 목장은 점점 줄어들고 폐지되어 간다. 목장은 농경지로 개발됐다. 진강목장도 폐지됐다가 복구되고 다시 폐지되는 등의 곡절을 겪는다. 주로 강화유수들이 폐지를 요청했는데 단지 농토를 넓히려는 이유 하나가 아니었다. 목장 때문에 주민들이 받는 고통이 워낙 컸기 때문이다. 하지만 군마를 생산하는 것도 중요한 일이기에 목장 존치 여부를 결정하는 것이 쉬운 일은 아니었다.

1708년(숙종 34) 가을, 강화유수 박권이 해안경계부대인 진과 보 시찰에 나섰다. 장곶보에서 묵을 때 한밤중 시끄러운 소리에 놀라 잠이 깼다. 사람을 불러 무슨 소리냐고 물었더니, 목장 말들이 논

밭을 짓밟고 곡식을 상하게 해서 마을 사람들이 밤새도록 지키며 말을 쫓는 소리라고 했다. 박권은 숙종에게 이 이야기를 하며 지역민의 곤경을 상세히 보고했다.

대체로 강도의 마방(馬防, 말을 가두는 울타리)은 매우 낮아 곡식이 익을 무렵이면 말 떼가 많이 뛰어나오는데 10월 이후에는 아예 목장을 개방하고 놓아먹이기 때문에 말 떼가 온 지경을 뒤덮고 가지 않은 곳이 없으며, 또 그곳은 재목이 극히 귀하여 백성들의 집이 거의 오막살이이고 담장도 없으며 수확한 곡물을 가리고 저장할 곳도 없어서 너 나 없이 마당가에다 쌓아 두고 있는데 말 떼가 한번 지나면 여지없이 결딴내 버리기 때문에 백성들이 견디지 못하니 참으로 민망하고 안쓰럽습니다. [60]

정묘호란 당시에도 당연히 강화에 목장이 운영되고 있었고, 또 당연히 백성들은 말 때문에 힘들었다. 그래서 인조에게 목장을 농경지로 바꾸게 해 달라고 요청했던 것이다. 인조는 의논해 보겠다며 확답을 피했다. 백성들은 괴로움을 감수해야 했다.

그렇게 힘들게 기른 말들을 병자호란 때 강화를 침공한 청나라 군대가 끌어갔다. 죽 쒀서 개 줬다. 이미 정묘호란 화친 교섭 중일 때 제주도 말 2백 필을 요구했던 그들이다. [61] 말과 한몸처럼 사는 유목민인 그들이 강화도 목장을 보고 얼마나 신나했을지 짐작이 간다.

나중에, 강화의 목장이 완전히 폐지될 때, 그래서 목장이 드넓은 농토가 될 때 강화 주민들은 배불리 먹게 되었을까. 그렇지 않앉다. 목장이 농토가 되자 한양의 권력가와 재력가 상당수가 이런 방법 저런 방법 다 동원해서 이 땅을 차지했다. 높은 사람들 배만 불리는 결과를 가져왔다.

이미 인조가 뒷날의 일을 내다보고 말했었다. "목장을 철폐하고 백성에게 경작을 허용함은 비록 좋긴 하나, 철폐한 뒤 백성은 들어가지 못하고 사대부가 불법 점유하면 무슨 도움이 되겠는가?"[62] 틀렸으면 좋았을 인조의 예상은 틀리지 않았다. 높은 이들의 땅 욕심은 세월이 흘러도 변하지 않고 있다.

과거를 시행하다

1627년(인조 5) 2월 17일 강화도 조정. 특별 과거를 시행하자는 의논이 있었다. 역시 지역민 위로 차원이었다. 임금을 호위해 온 외지 유생들에게도 응시 기회를 주자는 예조의 건의가 있었으나 인조는 이렇게 지시했다. "호종한 유생은 응시하도록 허락하지 말고 통진·교동 등지의 고을 사람들은 응시하도록 허락하라."[63]

강화 본섬과 교동도, 그리고 통진 주민을 대상으로 과거를 베풀라고 했다. 이에 따라 강화에서 과거가 열린 것은 화친조약 체결 이후인 3월 11일이었다. "정시를 남문 밖에서 베풀어 허색, 정유성, 남진명, 윤계 이렇게 4명을 발탁했다."[64]

조선에서 정기적인 과거를 식년시(式年試)라고 한다. '자축인묘진사오미신유술해'에서 '자·묘·오·유'가 들어간 해가 식년이다. 그러니까 식년시는 3년에 한 번 시행되는 것이다. 그런데 비정기적으로 열리는 과거가 여럿 있어서 평균 1년 1회 이상의 과거 마당이 열렸다.

비정기적으로 시행된 과거로 증광시(增廣試)와 알성시(謁聖試)가 대표적이다. 증광시는 임금의 즉위 등 나라에 큰 경사가 있을 때 이를 기념하면서 여는 과거이고 알성시는 임금이 성균관 문묘에 가서 예를 올리고 시행하는 과거다. 강화정시(江華庭試)는 특정 지역에서 개최한 비정기 과거의 하나이다.

비국(비변사)이, 황치경을 호소사로 차임(差任, 관리 임명)하여 그에게 본부의 사민들을 불러 모으도록 하였다. 그리고 군량도 이웃 고을에서 모으도록 할 것을 청하고, … 상이 따랐다.[65]

황치경(1554~1627)에게 호소사라는 직책을 주어 강화에서 의병을 모집하고 또 군량도 모아 달라고 한 것이다. 적임자를 뽑은 셈이다. 황치경은 삼포왜란(1510)을 진압한 황형의 후손으로 강화를 대표하는 명가(名家)를 이루고 있었다. 호조참의, 공조참의, 전라감사 등을 지냈다.

여기서 황치경을 말한 이유는 강화정시 급제자 4명 가운데 2명이 그의 외손자이기 때문이다. 정유성(1596~1664)과 윤계(1603~1636)다. 황치경은 사위 정근이 사망하자 3살 된 정유성을 강화 집에 데려다 키우고 가르쳤다. 정유성은 나중에 우의정까지 지내게 된다. 정유성의 손자가 바로 조선 양명학, 즉 강화학을 일으킨 하곡 정제두(1649~1736)이다.

성리학과 달리 양명학은 인위적인 지식보다 마음 본바탕을 중

시하고 실천을 강조했다. 명분보다 백성의 삶과 같은 현실을 보고
자 했다. 정제두가 양명학을 처음 수용한 것은 아니다. 그전에 이
미 양명학에 능숙한 이들이 있었는데 그 가운데 최명길이 있다. 최
명길이 성리학적 사고로는 접근하기 어려운 주화론을 펼친 것은
일정 부분 양명학의 영향일 것이다.

황치경은 또 김포에 살던 사위 윤현갑이 사망하자 딸과 외손자
들을 강화 집에 와서 살게 했다. 그래서 윤계는 동생 윤집과 함께
강화 외가에서 컸다. 윤계는 급제 후 조정에서 모범적인 관료의 길
을 갔다. 병자호란 때 지방 수령으로 있다가 청군에게 죽임을 당한
다. 마찬가지로 같은 병자호란 때 청나라에 항복하는 것을 반대한
세 사람의 학사, 즉 삼학사 중 한 명인 동생 윤집은 청나라에 끌려
가 목숨을 잃게 된다.

그런데 이 강화정시에서 묘한 일이 벌어졌다. 장원급제자인 허
색이 '합격 취소' 당한 것이다. 커닝한 것도 아닌데 왜 그랬을까.
인조가 조정 논의를 거쳐 합격 취소를 명하며 이유를 말했다. "처
음에 본토인이 과거에 응시토록 하였는데 허색은 외가의 마을에서
과거에 응시하였다."[66] 응시 자격 미달이라는 것이다.

가만 있자, 그러면, 정제두와 윤계도 외가에서 자랐으니 취소
해야 하는 거 아닌가?

강화 유생 한담이 상소로 이의를 제기했다. 삼향(三鄕, 본인·어머
니·처의 고향)에서 과거에 응시하는 것은 우리나라의 관례이니 허색
이 규정을 어긴 것이 아니다, 더구나 이번에 급제한 이들이 다 외
가가 있는 강화에서 응시한 것인데 왜 유독 허색만을 떨어뜨리느
냐, 이는 몹시 애매하고 또 억울한 일이다.[67]

정제두 숭모비

강화군 양도면 하우고개에 있다. 고개 아래 정제두 선생의 묘가 있다.

결국 허색에 대한 합격 취소가 취소되었다. 허색도 벼슬을 받고 조정에 나아가게 되었다.

유수부가 되다

이제 후금군이 조선에서 철수한다. 그러나 깔끔하게 가지 않았다. 곳곳에서 약탈하고 살육하고 분탕했다. 조선 군사들이 공격했고 적지 않은 후금군이 죽었다. 이미 조선 장수들에게 명령이 전달돼 있었다. 적이 물러간다, 경솔하게 행동하지 마라. 단, 적이 먼저 소동을 일으키면 주저 말고 공격하라![68] 진작 그러지.

후금군이 강화 조정에 편지를 보내 따졌다. 화친 맺고 철수하는 자기네 군대를 왜 조선군이 공격하느냐는 항의였다. 조정은 답장을 이렇게 썼다.

"귀국의 군사들이 각처에서 죽임을 당했다고 하는데 이 일은 조정에서는 모르는 일이며 또한 우리 장수들이 싸움하고 싶어 해서 그렇게 된 것도 아니다. 다만 귀국의 병사들이 곳곳에 나다니며 노략질을 하여 남의 부모를 해치고 남의 처자를 빼앗아가므로 촌민들이 그 분함을 견디지 못하고 서로 모여 단속하고 제각기 원수를 갚은 것이니, 이것 역시 인정상 필연적인 것이다."[69]

전쟁이 끝났으나 인조는 여전히 강화도에 있었다. 후금군이 아직 압록강을 다 건너지 않았다. 후금의 이왕자가 "화친을 맺었으니 영원히 의심할 일이 없을 터인데 국왕은 섬에서 오랫동안 있을 필요가 뭐 있는가. 속히 도성으로 돌아가야 한다."[70]라고 했으나 인조는 들은 척하지 않았다. 3월 23일, 전주에서 분조를 이끌며 백성을 위무하던 세자가 강화로 들어왔다.

후금의 사신들이 여전히 강화도를 오갔는데 커다란 혹 덩어리 같았다. 그들을 맞은 신하가 인조에게 보고하기를, 사신들이 방에 누워 떠날 생각을 하지 않는다고 했다. 후금의 사신이 이런 소리를 했다. 억지도 이런 억지가 없다.

우리가 군량을 청하러 왔는데 지금 요청에 부응해 주지 않으니 돌아가면 반드시 죽임을 당할 것이므로 결정하는 말을 듣고서야 돌아가려 하였다. 그러나 조정에서 후한 상을 내려 주고 재신들도 지극한 은혜를 베풀어 주니 돌아가지 않을 수가 없다. 하지만 단목(丹木)·후추·화문석·단검·황련(黃連) 등의 물건을 얻어 가지고 돌아가서 여러 장수들에게 주어 죽음을 모면할 밑천으로 삼고자 한다.[71]

1627년(인조 5) 4월 10일. 드디어 인조가 강화 행궁을 떠나 한양으로 향했다. 3월 3일에 화친조약으로 전쟁을 끝내고도 한 달 이상 강화에 더 머물렀다. 1월 29일에 강화에 들어왔으니 인조의 강화도 생활은 70여 일이었다. 김포 육경원을 거쳐 경덕궁(경희궁)에 도착한 것은 4월 12일이었다. 강화에 한동안 더 머물던 인목대비와 세자는 5월 5일에 한양 궁궐에 도착했다.

5월 11일, 인조는 심열을 강화유수로 삼았다. 인조가 강화에 있던 4월 2일에 비변사에서 강화에 유수부를 설치하고 심열을 유수로 임명하자고 건의했었다. 그때 인조는 환도 후에 시행하자고 대답했었다. 그 일이 마무리된 것이다.

강화유수부 동헌

강화읍 고려궁지 안에 있다. 병인양요 때 프랑스군이 달아나면서 불을 질러 다 탔
다. 그래서 다시 지었다. 동헌 옆에 외규장각이 있고 아래는 '이방청'이다.

이제 강화는 유수부로 승격됐다. 조선 건국 초 강화는 고려 말 이래 부사가 다스리는 강화부(江華府)였다. 1413년(태종 13)에 강화부의 명칭이 강화도호부로 바뀌었다. 이때 수령을 도호부사(종3품)라고 했다.

1618년(광해 10)에는 강화도호부의 수령이 도호부사에서 부윤으로 변경된다. 그랬다가 1627년(인조 5)에 강화유수부가 서면서 수령도 유수(종2품)로 바뀌었던 것이다. 같은 '강화부'로 불러도 인조 이전은 강화도호부, 인조 이후는 강화유수부이다.

강화·강도·심도

다음 빈칸에 들어갈 내용이 뭘까.

비국이 아뢰기를, "여러 도의 군병으로 강도에 와 있는 자가 수군이 5천 5백여 명이고 육군이 5천 6백여 명, 도합 1만여 명인데, 수개월 머물다 보니 ☐☐☐☐. …그들 중에 어영군 및 하삼도(下三道)의 산행포수(山行砲手)는 그대로 머물게 하여 변란을 대비토록 하고 그 나머지는 차례대로 돌려보내소서." 하니, 그대로 따랐다.[72]

☐☐☐☐에 들어갈 말은 "굶주림이 이미 극도에 달하였습니다."이다. 군량이 떨어져 병사들을 먹이지 못하니 돌려보내자는 소리다. 임금이 있는 강화의 군량 사정이 이러니 뭍은 말할 것도 없다. 한강에서도 임진강에서도 조선 수비병은 배고픔과도 싸워야 했다.

위 사료에서 조금 더 들여다볼 내용이 있다. 우선, 앞에서 언급했던 강도! 고려 대몽항쟁기에 강화로 천도한 이후 강화(江華)를 강도(江都)로 불렀다. 그때 고려의 도읍이 강화이기에 강화의 강(江) 자와 도읍 도(都) 자를 합친 것이다. 송악을 송도(松都)라고 했던 것처럼 말이다. 조선시대에도 강도라는 표현을 빈번하게 썼다. 그래서 강화유수를 강도유수라고도 했다.

그런데 강도 말고 다른 이름이 또 있다. 고려시대에 강화를 심주(沁州)로도 불렀다. 대몽항쟁기 강화 도읍기부터 심도(沁都)가 되었다. 실록에도 심도라는 표현이 많이 보인다. 지금도 강화 심도중학교, 심도파출소 등의 명칭에 심도가 살아 있다. 읍내 용흥궁공원은 강화에서 제일 큰 직물공장이었던 심도직물이 있던 터다.

정묘호란 당시 강화도를 지키던 조선 병력 규모도 언급됐다. 비변사가 "여러 도의 군병으로 강도에 와 있는 자가 수군이 5천 5백여 명이고 육군이 5천 6백여 명, 도합 1만여 명"이라고 했다. 이에 따라 그때 강화 수비 병력이 1만여 명이었다고 말해진다.

그런데 환궁 직후 인조가 "강도로 들어간 군병이 3만여 명이었으나 오히려 부족해서 염려"[73] 했다고 말했다. 정묘호란 당시 강화 수비군 규모가 최종적으로 3만에 이르렀을 가능성도 있는 것이다.

위 사료는 1627년(인조 5) 3월 28일의 실록이다. 정묘호란이 끝났으나 조정이 아직 강화도에 있을 때다. 병사들을 철수시키되 하삼도(충청도·전라도·경상도)의 산행포수는 그대로 머물게 했다. 산행포수는 민간인 사냥 포수를 말하는 것 같다. 이들도 징발해서 강화도로 오게 한 것이다. 정규군 포수(조총수)보다 사냥 포수들의 실력이 더 좋았다.

용흥궁공원

심도직물터에 조성된 공원이다. 바로 아래 철종(이원범) 잠저인 용흥궁이 있어서
이름이 용흥궁공원이 되었다. 정면에 보이는 건물은 성공회 강화읍성당이다.

교동도를 주목하다

행정구역상 강화군에는 1개 읍(강화읍)과 12개 면이 있다. 이 가운데 3개 면은 강화 본섬과 떨어져 있는 별도의 섬인데 삼산면(석모도), 교동면(교동도), 서도면(주문도와 볼음도)이다. 삼산면과 교동면은 최근에 본섬과 다리로 연결됐다.

서도면만 선수에서 배를 타고 간다. 그동안 서도면 들어갈 땐 내가면 외포리나 화도면 선수에서 배를 탔다. 물때에 따라 어느 날은 선수, 어느 날은 외포리, 자꾸 장소가 바뀌어서 불편했다. 2021년 3월부터는 선수에서만 배가 오간다. 배편도 늘었다.

정묘호란 직후 강화도호부를 유수부로 올린 인조는 교동도를 중심으로 해방(海防) 체제를 강화한다. 1629년(인조 7) 교동현을 교동도호부로 승격시켰다. 그리고 남양 화량만(경기 화성)에 있던 경기수영을 교동으로 옮기고 교동부사가 경기수사를 겸하게 했다. 이 무렵 교동읍성도 쌓은 것 같다.

수사? 이순신 장군의 직책 전라좌수사를 떠올려보라. 조선은 일찌감치 해안 주요 지역에 수영(水營)이라는 수군부대를 설치했다. 전라좌수영, 전라우수영, 경기수영 등등. 수영의 지휘관을 수군절도사라고 했는데 줄여서 수사(水使)로 불렀다.

지중추부사 정응성이 상소하기를, "…경기수사를 통어사로 호칭하여 공청(충청)·황해의 주사(舟師, 수군)들까지 통제하도록 한다면, 서로 의지하여 구제할 수 있을 것입니다. … 비국이 복계하기를, "…경기수사를 통어사로 호칭하여 양도(兩道)의 주사까지 통제

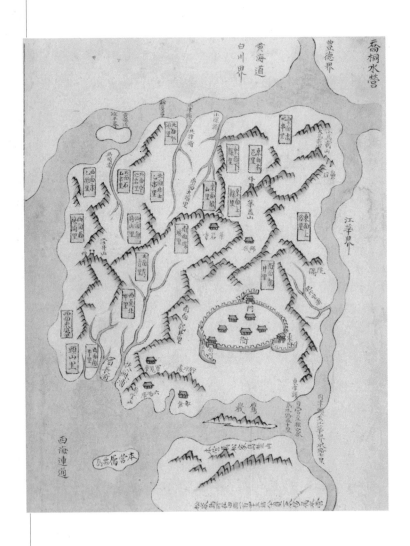

고동수영도

(1725, 성신여대박물관)

하도록 하자는 것이 과연 온당한 것 같습니다." 하니, 답하기를, "아뢴 대로 하라⋯."하였다.[74]

　인조는 1632년(인조 10)에 교동부사의 권한을 대폭 강화했다. 경기수사를 삼도수군통어사로 삼은 것이다. 이제 교동부사는 경기수사 겸 삼도수군통어사로서 경기도, 충청도, 황해도 삼도의 수군을 통괄하게 되었다. 교동 경기수영은 삼도수군통어영이 되었다.
　인조는 교동도를 최후의 보장처로 인식했던 것 같다. 비상사태 발생 시 강화도로 들어가고 만약 강화도마저 위험해지면 교동도로 옮겨 갈 생각을 했을 것이다.
　병자호란 때 청군에게 강화도가 점령되기 직전 원손(元孫)이 교동도로 피난했다. 내관 김인과 강문성 등이 교대로 원손을 업고 뛰었다. 인조는 원손이 교동으로 피한 걸 하늘이 도왔다고 여겼다. 이후 원손은 주문도(강화군 서도면)를 거쳐 충청도 당진으로 다시 피해 간다.
　한편《강도지》를 남긴 이형상은 교동으로 원손만 보낸 것을 아쉬워했다.

　강화도의 방어에 실패한 이후라도 오히려 몇 척의 나룻배로 종묘사직과 대군을 받들어 교동에 안전하게 들어갈 수 있었을 텐데 안타깝다. 분사의 신하들은 이러한 계책을 내지 않고, 단지 세손만 나룻가로 보냈다가 앉아서 성하(城下)의 치욕('삼전도의 굴욕')을 당하고 온 나라와 재물을 들어 바치게 하였으니⋯.[75]

고동읍성 남문

원래 남문, 동문, 북문이 설치됐는데 지금 남문만 남았다. 위 사진처럼 문루는 무너
지고 홍예만 있었는데 2017년에 문루(유량루)를 복원했다. 〈고동수영도〉에 따르
면 각 문에 옹성이 설치됐다. 남문 서쪽 앞에 옹성의 흔적이 남아 있다.

이형상은 나라의 상징인 종묘사직 신주와 원손, 봉림대군, 빈궁 등이 모두 교동으로 피해 갔다면 청군은 교동도를 범하지 못했을 것이고, 그러면 남한산성 사람들도 버텨낼 수 있었을 것이고, 그래서 '삼전도의 굴욕'도 당하지 않았을 것으로 인식했다.

업고 뛰었다니 원손이 어렸나 보다. 그러하다. 1636년(인조 14) 3월 25일에 태어났으니 생후 10개월밖에 안 된 아가였다. 원손이 누구인가. 소현세자의 장남이다. 차차기 왕위 계승권자인 셈이다. 그러나 기구했다. 4살 그 어린 나이에 청나라 심양까지 일종의 인질로 다녀오기도 했다. 소현세자가 세상을 떠난 후 유배지 제주에서 사망했다.

병자호란 후인 1638년(인조 16), 신하들과 수비 대책을 논하는 조정. 인조는 강화도가 넓어서 적을 막고 지키기가 쉽지 않다고 평한다. 그러면서 교동의 형세는 어떠한지 다시 묻는다.[76] 강화도가 점령되면서 청군에게 항복했던 인조는 교동에 대한 관심이 더 커졌다.

짚어 보아야 할 호패법

조선의 현실, 고질적인 군량 부족에 더해서 싸울 군사도 절대 부족했다. 병력 확보가 너무 어려웠다. 임진왜란 전 대략 1천만 명이던 조선 인구가 왜란 이후 700만 명 정도로 줄었다.[77] 양반층이 군역 대상에서 빠져나가고 노비를 비롯한 천인층은 애초 군역 대상이 아니다.

사실상 농민층, 그러니까 평민들만 '국방 의무'를 지고 가는 셈

고동 남산포

삼도수군통어영이 관할하던 포구이다. 지금은 그냥 때로 쓸쓸하고 때로 자유로운
곳이다. 포구 안쪽 시골 마을 어느 구석에 당시의 계류석(줄로 배를 묶어두는 돌기
둥) 하나가 숨어 있다.

인데 이들이 속절없이 흩어지고 무너지고 있었다. 가뜩이나 인구가 급감한 상태에서 말이다.

인조가 드디어 호패법 카드를 꺼내 들었다. 호패법은 모든 신분의 성인 남자에게 호패를 차게 하는 법이다. 호패는 지금의 주민등록증과 유사하다. 이 법을 통해서 여러 가지 이유로 호적에서 빠져 있던 이들을 찾아내 역을 부과할 수 있는 것이다.

호패법은 태종이 시행한 거 아닌가? 맞다. 그랬는데 몇 년 후 폐지했다. 다시 세조가 시행했는데 10년 정도 유지하다가 성종 초에 폐지했다. 그렇게 맥이 끊겼던 호패법이 되살아난 것은 광해군 때인 1610년(광해군 2)이다. 하지만 광해군도 1612년(광해군 4)에 호패법을 폐지한다.

인조가 호패법을 부활시킨 것은 1626년(인조 4) 1월이다. 그러나 인조 역시 반대 여론을 극복하지 못하고 다음 해인 1627년(인조 5) 1월에 호패법을 폐지하고 만다.[78]

이 일을 그만두면 지금 이후로 조정의 호령(號令)이 일체 백성에게 신뢰받지 못하게 될 것입니다. 난리를 겪은 후 20년이 되도록 국가에서 시행한 일이 한두 가지도 착실한 것이 없었습니다. 이 호패 한 가지 일은 국가에 크게 유익한 것이니, 결단을 내려 행하여야 할 것이며 그만두어서는 안 됩니다.[79]

광해군 때 호패법이 삐걱거리자 우의정 심희수가 중단해서는 안 된다고 아뢰었다. 한다고 하다가 폐지해 버리면 앞으로 어떤 정책을 펼쳐도 백성들은 '곧 폐지되겠지.' 여기며 따르지 않을 거라고 염려

했다. 백성 가운데 호패법에 거부감을 느끼는 이들이 적지 않았다. 특히 양반층의 반발이 거셌다. 심희수의 진단을 조금 더 들어 보자.

민역이 불균평하기가 지금보다 심한 적은 없었습니다. 군정이 날로 문란해져 힘없는 병졸들만 고역을 견뎌야 하고, 요역이 날로 많아져 잔호(殘戶)만 수고로움을 견뎌야 하므로 군민(軍民)은 수심에 젖어 탄식하고 있습니다. 그런데도 부호들은 국가의 역에 전혀 응하지 않고 종신토록 안락을 누리니, 고락(苦樂)의 차이가 너무도 현격합니다.

왜 평민들만 군역의 고통을 겪어야 하는가, 부호(사실상 양반층)도 역의 의무를 수행하여 고통 분담에 동참해야 한다, 이러한 주장이다. 호패법에 모든 양반에게 군역 의무를 부과한다고 명시하지는 않았다. 하지만 원칙을 바로 세우는 과정에서 상당수 양반층이 군역 대상자로 흡수되는 효과가 기대됐다.

이를테면 향교의 학생은 군역 면제 대상이다. 지금 학업 지속을 위해 대학생과 대학원생에게 입영 연기 기회를 주듯 과거를 준비하는 향교 학생들에게는 역을 부과하지 않았다. 그래서 양반 가운데 이름만 향교에 올리는 가짜 학생이 아주 많았는데 이 가짜들에게 군역을 부과하게 되는 것이다.

평민 백성들이 스스로 권세가의 노비로 들어가는 경우가 적지 않았다. 군역을 비롯한 각종 세금 부담을 더 견딜 수 없게 된 이들이 차라리 노비가 되어 세금에서 벗어나려고 한 것이다.

노비는 양반들에게 소중한 재산이다. 재산이 저절로 불어난다.

그런데 호패법이 시행되면 그게 어렵다. 이미 내 노비가 된 이들이 다시 평민으로 조정될 수도 있다. 손해 보기 싫다. 그러니 반대!

반대 여론이 확산하자 광해군은 뜻을 접었다. 자신 있게 반대 여론을 극복해 나갈 힘을 내지 못했다. 즉위하자마자 반란을 겪은 인조 역시 호패법 반대 목소리에 민감할 수밖에 없었다. 그래서 무리수를 두다가 결국에는 포기하고 만 것이다.

백성은 사족의 그림자라

인조 즉위 초부터 뜻있는 신료들이 호패법을 추진하자고 했었다. 인조는 결단하지 못했다. 즉위 2년째인 1624년에 이귀가 다시 요청했다.

"이 법(호패법)을 시행하지 않으면 백성이 다 역을 피하여 나라를 다스릴 수가 없을 것입니다. 반정을 한 초기에 바로 시행했으면 두어 달 안에 일을 마쳤을 것인데 이미 좋은 기회를 잃었으므로 이제는 사람들이 다 팔짱만 끼고 세월을 보내고 있습니다. … 결단하여 망설이지 말고 시행하셔야 하겠습니다."[80]

인조가 대답했다. "호패법은 때를 헤아려 시행하려 하였으므로 이제까지 지연되어 왔다. 올해에는 갑자기 시행할 수 없을 듯하다." 그랬다가 즉위 4년째인 1626년에 가서야 시작했다. 일단 성과가 나타났다.

호패청이 추가로 기록하여 성책(成冊)한 것을 바쳤는데, 남정(男丁)의 총수는 1백 23만여 명으로 그전에 기록한 1백 3만여 명까지 합계 2백 26만여 명이라 하였다.[81]

나라에서 파악하고 있던 군역 대상 남정 수가 103만여 명뿐이었는데 호패법 시행으로 123만여 명이 새로 추가돼 총 226만여 명이 되었다는 것이다. 그렇지만 너무 조급하고 또 과격하게 밀어붙이면서 인조는 궁지로 몰리고 있었다.

호패를 분실하면 곤장 100대를 쳤다. 장 100이면 거의 사형 수준이다. 너무 과하다고 해서 낮춘 게 70대였다.[82] 군기시정 최유해는 "호패법이 설치된 지 1년도 지나지 않았는데 사방에서 죽은 자가 40여 인이나 되니 어찌 불쌍하지 않습니까."라고 상소했다.

그러면서 "호패를 차고 다니지 않는 자는 그 얼굴에 경형(黥刑)을, 위조한 자에게는 그 귀를 자르는 형벌을 시행하면 서로 만나는 자마다 두려워하여 다투어 자수할 것입니다."[83]라고 했다.

경형은 얼굴에 죄명을 문신 새기듯 새기는 형벌이다. "경을 칠 놈!"의 그 경이다. 형벌을 낮추어 준다는 게 얼굴에 경을 치고 귀를 자르는 것이라니. 가혹했다.

집의 이준은 인조에게 호패법을 차분하게 추진해달라고 청하면서 "민심의 동요가 적국의 변보다 참혹하다는 것"[84]을 생각해야 한다고 했다. 호패법에 반발한 백성들이 반란을 일으킬 수도 있다는, 은근한 협박 의도가 읽힌다.

대사헌 장유 등은 인조에게 이렇게 아뢰었다.

"상하의 계통이 있고 존비(尊卑)가 정해져서 국가가 실로 이에 의지하여 유지되는 것입니다. 병난을 당해서도 사족은 모두가 명절(名節)을 지켜 나라를 배반하고 적에게 투항한 자가 전혀 없었으니, 임진란 때에 삼남의 의병이 모두 사족 출신이었습니다.

… 만일 일체로 취급하는 법으로써 억지로 내몰아 졸오(卒伍)에 함께 편입시킨다면 지방의 사족은 모두가 서로 슬퍼하며 … 원성이 무리 지어 일어나 날이 가면 갈수록 더욱더 깊어질 것이니, 아, 이것이 어찌 작은 걱정거리입니까."[85]

그러면서 국가의 정책에 반대하는 죄를 지었으니 사직하겠다고 했다. '우리를 건드리지 마라. 그냥 둬라. 전쟁 나면 왜란 때처럼 알아서 의병 일으켜 싸워주마.' 이런 뜻이었을까? 인조의 대답은 "사직하지 말라."였다.

양반들은 호패법 시행으로 부담하게 될 군포 자체가 문제가 아니었다. 일반 백성과 같은 의무를 지는 게 자존심 상하는 거다. 농민과 같은 부류로 포함되는 게 용납이 안 되는 거다. 어찌 하늘과 땅이 같을 수 있으랴, 이런 인식. 장유는 인조에게 올린 또 다른 글에서 이렇게 말했다.

우리나라의 이른바 사족이라고 하는 자들은 … 농사를 짓지 않아 농업에 종사하게 할 자도 드물고 군대에 복역하지 않아 전투에 참여시킬 자도 드물기만 합니다. … 그렇지만 명분이 유지되게 하면서 국맥을 일으켜 세우는 것 또한 이들의 힘에 의지하고 있다는 사실 역시 속일 수 없는 현실입니다.

따라서 이런 사족에 대해서 백성은 마치 그림자나 메아리 역할을 하는 데에 불과하다고도 하겠습니다. 그렇기 때문에 신이 일찍이 백성의 마음을 차라리 잃을지언정 사족의 마음을 잃어서는 안 된다고 말했던 것이었습니다.[86]

백성을 보는 관점을 '솔직하게' 드러냈다. 백성은 그저 양반의 그림자 같은 존재라고 했다. 백성의 마음을 잃어도 사족의 마음을 잃어서는 안 된다! 음.

조정이 뜨겁다. 이쪽은 호패법을 계속 추진해야 한다고 하고, 저쪽은 폐지해야 한다고 한다. 주화론자들이 대개 호패법에 찬성하고 척화론자들이 대개 반대했다.[87]

1627년(인조 5) 정묘년 1월 19일. 인조는 조정을 강화도로 옮긴다는 교서를 내린다. 그 교서 안에 이런 내용을 담았다.

"왕은 말하노라. … [호패법은] 백성을 괴롭히려는 것이 아니었다. 그러나 1백 년 동안이나 폐지되었던 법을 갑자기 거행하여 허다한 유민을 강제로 묶어놓았으며 일을 추진하는 데 급급하여 점진적으로 하지 못하였다.

구속하기를 지나치게 엄정하게 하고 독촉하기를 너무 세밀하게 하니, 사람들이 그 불편한 점을 많이 말하였으나 나는 중간에 중지하기가 어려웠다. 따라서 뭇사람들의 많은 분노를 샀으니 누가 나의 본심을 이해하겠는가.

… 이에 옛것을 버리고 새로운 것을 좇아서 제도(諸道, 모든 도)의 어사를 소환하여 호패를 모두 파기하고 그 성적(成籍, 호적대장)을 불

사르며 무릇 전후에 걸쳐서 호패의 일로 인하여 구류되었거나 유배된 자들도 다 사면해 석방한다."

폐지, 호패법 폐지다. 후금군의 침략을 대비해서 병력을 확충하고 국방력을 키울 목적으로 시작한 호패법을 하필 후금군이 쳐들어오면서 폐지하는 아이러니. 인조는 교서를 이렇게 끝맺었다.

"나의 진심을 한 장의 종이에 담아 사방에 널리 고하노니 모두나의 이 마음을 이해하여 충의를 격앙하고 온몸의 힘을 다하여, 혹의병을 소집하여 행재(行在, 궁궐 밖의 임금 거처)로 달려오기도 하고 혹군량미를 모아서 군인들 앞으로 실어 보내기도 하여, 제각기 힘이미치는 대로 분의(分義, 분수에 맞게 지키는 도리)의 당연함을 다하도록하라."

민심을 끌어모으려는 의도였던 것 같다. 특히 양반층의 마음을잡고 싶었나 보다. 그들이 의병을 일으켜 달라고 말이다. 이귀의말마따나 반정 즉시 호패법을 실시했으면 상황이 달라졌을지도 모르겠다. 정권이 인위적으로 바뀌었으니 뭔가 개혁이 있으리라, 백성은 짐작하고 있었을 것이니 말이다.

때로 개혁은 혁명보다 어렵다. 모든 선의의 개혁은 반발이 따르기 마련이다. 특히 기득권자의 저항이 강해지는 법이다. 그래서 찬반의 대립이 생기기 마련이다. 설득하고 타협하면서 슬기롭게 추진해가야 할 과업이다. 그럴 능력이 인조 조정은 부족했고 때도 좋지 않았다.

병자호란

오군, 오군, 사아이거호

"우리 임금이시여, 우리 임금이시여, 우리를 버리고 가십니까."

실록에 적힌 원문은 "오군, 오군, 사아이거호.(吾君, 吾君, 捨我而去乎)"다.

때는 1637년(인조 15) 1월 30일, 남한산성을 나선 인조는 삼전도에서 청 태종에게 무릎을 꿇었다. 잔뜩 옹송그린 자세로 "천은이 망극하옵니다." 하였다. 세 번 절하고 아홉 번 머리를 조아리는 예도 올렸다. '삼배구고두례'라는 것이다.

청 태종에게 궁궐로 돌아가도 좋다는 허락을 겨우 받고 인조는 창경궁으로 향했다. 청나라로 끌려가던 수많은 백성이 임금을 보고 울부짖으며 외쳤다. "우리 임금이시여, 우리 임금이시여, 우리를 버리고 가십니까." 그냥 임금님이라 하지 않고 우리 임금님이라고 했다.

우리 임금님은, 그냥, 갔다. 버림받은 백성들은 그렇게 청나라로 끌려갔다. "백성들아, 미안하다." 이 한마디라도 해 주었으면 얼마나 좋았을까. "오군, 오군, 사아이거호."

병자호란 때 청으로 끌려간 백성이 아주 많았다. 정확한 규모는 알기 어렵다. 몽골로 끌려간 사람 빼고도 66만이라는 당대 기록이 있기는 하지만,[1] 대개 50만 명 정도로 말해진다.

최명길이 쓴 〈이진도독자(移陳都督咨)〉에 우리 백성 50여만 명이 포로로 잡혀갔다고 나온다[而被俘人口無慮五十餘萬]. 그런데 이 글은 명나라에 병자호란의 경과를 알리는 내용이다. 조선의 피해가 아주 컸다는 것을 강조하려는 의도로 끌려간 백성 수를 부풀렸을 가능성이 있다. 아무래도 50만은 좀 과장된 숫자가 아닐까 싶다.

한편 이 시기를 다룬 어느 소설은 청나라로 끌려가는 백성의 참혹함을 이렇게 묘사했다. 현실 또한 크게 다르지 않았을 것이다.

왕이 옷자락을 붙잡은 백성들을 뿌리쳤다. 배는 강 가운데로 나아갔고 포로들은 강가에서 통곡했다. 청군들이 오열하는 포로들을 철편으로 후려쳤다. 살이 뭉개지고 피가 튀고 뼈가 드러났다. 포로들은 쇠도리깨를 피해 이리 몰리고 저리 몰렸다. 청군들은 행렬에서 벗어나는 포로들을 향해 화살을 쏘았다. 뭉개진 시신과 화살에 맞아 죽어가는 시신들이 강가를 덮었다.[2]

지도자가 국민을 내팽개치는 것만 버리는 것이 아니다. 국민의 기대를 저버리는 것도 버림이요, 국민의 믿음을 배반하는 것도 버림이며, 국민을 속이는 것도 버림이다. '저 사람한테 투표한 게 부끄러워 얼굴을 못 들겠어.' 그렇다면, 당신도 버림받은 것이다.

정묘호란 때였다. 연미정에서 인조가 신하들과 강화도 방어 대책을 논의했다. 주변을 두루 살피던 인조가 물 건너 나루를 통제하지 않는 걸 봤다. 부체찰사 김류에게 왜 강화로 들어오는 나루를 막지 않는 거냐고 물었다.

김류가 대답하길, 통제했었는데 백성들이 원망해서 풀었다고 했다. 그러자 인조가 명령했다. "장계를 가지고 오는 사람이 아니면 일체 나루터를 건너도록 허락하지 말라." 그러자 김류가 "그러면 피란하는 사람들이 반드시 모두 군색하게 될 것입니다."라고 했다.

난리 피해 강화로 들어오는 백성들을 어찌 막느냐는 거다. 그랬더니 인조가 이렇게 못을 박았다. "일이 이미 위급한데 어찌 작은 폐단을 생각할 수 있겠는가."³

아, 어찌 백성의 목숨이 작은 폐단이란 말인가.

삼배구고두례

병자호란은 1636년(인조 14) 병자년 12월부터 다음 해인 1637년 (인조 15) 정축년 1월까지의 사건이다. 햇수로 2년이지만 실제 전쟁 기간은 두 달 정도였다. 기간이 길지 않았고 전쟁 지역도 제한적이었다. 하지만 피해는 심각했다.

1636년 12월 9일, 얼어붙은 압록강을 건너 청군이 침략해 왔다. 12월 14일, 인조는 먼저 종묘사직 신주를 받들어 강화도로 보냈다. 원손과 봉림대군, 인평대군, 그리고 빈궁(소현세자빈)을 비롯한 궁궐 여인들과 연로한 신하 등을 함께 보냈다. 이들은 김포, 통진을 거쳐 강화로 무사히 들어왔다.

얼마 후 인조도 세자와 함께 궁을 나섰다. 강화도로 가기 위함이다. 그런데 청군이 어느새 내려와 강화로 가는 길목을 위협했다. 그들도 조정이 강화도로 향할 것을 짐작하고 있었다. 정묘호란 때 그랬으니 이번에도 그럴 거라고 여겼다.

사실 그들은 더 일찍부터 강화도의 존재에 신경 쓰고 있었다. 광해군 때인 1621년에 정충신이 후금에 사신으로 갔다. 누르하치가 사람을 보내 여러 가지 물었다. 그 가운데 하나, 이런 질문이 있다. "큰 섬 안에 성을 쌓고 궁궐을 짓는다고 하던데, 그러한가?" '큰 섬'이 바로 강화도다.

정충신은 이렇게 대답했다. "한양에서 3일 걸리는 거리에 강화부가 있는데, 사면이 바다로 싸여 있고, 지역도 매우 넓다. 임진년 변란 때 서울의 선비들이 피난하기 위해 많이 들어갔었다. 성지(城池)를 수축한다는 것은 사실이다."[4]

강화 가는 길이 막히자 인조 일행은 남한산성으로 겨우 피했다. 최명길이 죽음을 각오하고 청군 진영으로 가서 인조가 피신할 시간을 벌었다. 청군은 남한산성을 포위했다. 해 바뀐 1637년 1월 22일, 청군은 강화도를 공격해서 함락한다. 그리고 1월 30일, 남한산성에 있던 인조가 삼전도로 불려가 항복한다.

높다랗게 쌓은 단상에 앉은 청 태종 홍타이지에게 삼배구고두례를 올렸다. 이를 '삼전도의 굴욕'이라고 한다. 오랑캐로 하대하던 청나라에 항복한 것이 당시 조선의 처지에서 보면 분명 굴욕이다.

삼배구고두례(三拜九叩頭禮)는 세 번 절하고 아홉 번 머리를 조아리는 인사법이다. 한 번 절하고 무릎 꿇은 상태에서 세 번 머리를 숙이는 행동을 세 번 반복하는 것이다. 삼궤구고두례(三跪九叩頭禮)라고도 한다. 궤(跪)는 무릎을 꿇는다는 의미이다. 무릎 꿇고 절을 하기 마련이니 삼배와 삼궤를 같은 의미로 보면 될 것이다.

지금 삼배구고두례를 지나치게 감정적으로 묘사하고 평가하는 경향이 있다. 관련 드라마나 다큐멘터리에 인조가 절하는 장면이 나올 때 이마에서 붉은 피가 흐른다. 이마를 땅에 아홉 번 찧으면서 상처가 난 것이다. 그런데 '고두'는 얼굴을 깊이 숙이는 것이지

땅에 찧는 게 아니다. 피가 날 일이 없다. 과장된 연출이다. 과한
연출은 필요 이상의 적개심을 유발하기도 한다.

청 태종이 인조를 욕보이려고 특이한 절을 요구한 것도 아니다.
그네들 예법일 뿐이다. 그날 삼전도, 청 태종도 직접 하늘에 삼배
구고두를 올렸다.

청 태종이야 삼배구고두가 익숙했을 것이고, 인조는 처음 해 보
는 절인데 어떻게 했을까. 청 태종 앞에 불려 가기 전에 미리 교육
받았다. 예행연습을 한 것이다.[5]

청나라 침공군의 규모가 어느 정도였기에 조선이 이런 꼴을 당
했을까. 청군 병력이 얼마나 됐는지 정확히 알기는 어렵다. 역대
전쟁의 침략군 규모가 전해지긴 하지만, 대개 과장됐을 가능성이
크다. 지금 3만 명이 시위를 벌였다고 치자. 경찰 추산 1만 명, 주
최 측 주장 5만 명 식으로 발표된다. 그래도, 알려진 청군 규모에
대해 살펴보자. 우선《인조실록》이다.

청나라 한(汗)이 모든 군사를 모아 탄천에 진을 쳤는데 30만 명
이라고 하였다.[6]

청군이 자기들 규모가 30만 명이라고 한 모양인데 이는 허풍이
다. 조선 쪽 기록에는 대개 십수만 명 정도로 나온다.《연려실기
술》은 "청병이 스스로 20만이라 칭하였으나 실은 자기들 군사가
7만이고, 몽고 군사가 3만이며, 공유덕과 경중명의 군사가 2만이
니, 합하여 12만이었다."라고 했다.

최근에 새로운 연구 결과가 나왔다. 통설에 이의를 제기한 연구

자는 중국 쪽 사료까지 면밀히 분석하고 청나라 팔기제 조직과 운영 특성 등을 밝혀 병자호란 당시 청군의 규모가 정규 병력 기준으로 3만 4천 명 정도일 것으로 추산했다.[7] 만주족, 몽골족, 한족 모두 포함해서 말이다.

여기에 각종 물품과 식량 수송을 맡은 비전투요원까지 포함해도 5만 명을 넘지 않을 것으로 봤다. 일반적인 예상보다 훨씬 적은 수치지만, 그 주장에 설득력이 있다. 나도 기꺼이 설득됐다.

그동안 조선은 무얼 했나

정묘호란 그때, 상감마마·대감마님 강화도에서 무탈할 때, 뭍의 백성은 후금군의 칼날에 수없이 죽어갔다. 허구한 날 밭 갈고 김매며 뼈가 녹아도, 쌀독은 텅 비고, 밥 달라 우는 새끼 보며 가슴 치던 백성들. 노래 가사처럼 "그저 살다 보면 살아진다, 그저 살다 보면 살아진다.", 평생 고난 스스로 위안하며 버티어 온 사람들. 하지만 전쟁은 그 삶마저 거두어 갔다.

그 정묘호란 끝나고 병자호란까지 근 10년이다. 그동안 조선은 뭘 했단 말인가. 어찌하여 청군이 단 며칠 만에 한양까지 들이닥치나. 아무리 그들이 날쌘 기병이라도 너무하지 않은가.

정묘호란에서 병자호란 사이, 조선 조정이 외침에 대한 준비 없이 허송세월한 것은 아니다. 나름 대책을 세우고 전투를 준비했다. 지휘 체제와 지방군을 정비하고 방어 거점으로 삼은 안주성 등과 각지의 산성을 어렵게, 어렵게 보수했다.

정묘호란 화친조약 체결 때 후금은 맹세 형식으로 "만약 조선이 금국을 적대시하여 병마를 정비하거나 성보(城堡)를 새로 세워 불선한 마음을 갖는다면 하늘이 앙화를 내릴 것"이라고 경고했었다. 그래서 조심스러울 수밖에 없었다.

실제로 후금이 조선의 축성(築城)에 일찌감치 제동을 걸었었다. 후금 사신이 안주성 수축하는 걸 보고 말았다. 사신이 불만을 말했다. "성지를 수축하지 말라는 것이 서약문에 있는데 맹약 문서에 먹도 채 마르기 전에 크게 수축하여 전보다 더욱 높이니, 맹약을 깨뜨릴 뜻이 있는 게 아닌가?"[8]

후금은 부담스러운 거다. 평지에서 말달리며 쏘고 베고 찌르고는 자신 있는데 공성전은 아무래도 버거운 거다. 후금이 청이 됐다고 해서 달라질 게 없다. 병자호란을 끝내면서 청 태종은 조선에 다시 명령한다.

관온인성황제(청 태종 홍타이지)는 조선 국왕에게 조유(詔諭)한다. … 신구(新舊)의 성벽은 수리하거나 신축하는 것을 허락하지 않는다.[9]

청 태종이 '조유'하여 조선에서 성 쌓는 것과 고치는 것을 금했다.

황제가 내리는 글을 조서(詔書) 또는 칙서(勅書)라고 한다. 국왕은 '조'나 '칙'을 쓸 수 없다. 국왕이 내리는 글은 보통 교서(敎書)라고 쓴다. 조유(詔諭)의 '유'에는 '타이르다'라는 뜻이 있다. 그러니까 '조유'는 황제 청 태종이 조선 국왕 인조에게 내리는 명령 또는 지시라는 의미로 이해할 수 있다.

병자호란

아무튼 조선은 정묘호란 이후 불편한 상황에서도 산성 정비를 어느 정도 해냈다. 다른 방어 대책들도 '어느 정도' 수준이었다. 그런데 당시 관료들은 이 '어느 정도'가 영 미덥지 않았다. 청군이 쳐들어오기 얼마 전에 홍문관 소속인 이시해와 이상형이 인조에게 글을 올렸다.

글 중에 이런 말이 있다. "정묘년에 화친을 맺은 지 10년이 되었는데도, 성지(城池)와 기계는 어느 것 하나 믿을 만한 것이 없고, 군정(軍情)과 민심은 날로 흙더미가 무너지듯 와해되고 있습니다."[10] 그래도 산성을 믿어볼 수밖에 없다. 그 옛날, 당나라 침략도 산성으로 막아냈던 게 아닌가.

적이 왔다! 청군의 침략이다. 조선 군사와 백성들이 산성으로 들어가 싸울 준비를 마쳤다. 그러한데 뭘 어떻게 해 볼 도리가 없었다. 청군이 산성을 공격하지 않은 것이다. 정묘호란 때와는 완전히 다르다.

산성 전투를 의도적으로 피하고 한양 쪽으로 바로 내달렸다. 속전속결, 조선 임금을 노렸다. 추운 겨울을 기다려 쳐들어온 것도 꽁꽁 언 강물을 말 타고 신속하게 건너려는 의도였다.

청군은 조선 군사력이 허약하다고 판단했다. 조선의 군사력을 겁냈다면 배후 공격이 두려워서 함부로 내려올 수 없는 거다. 그런 자신감으로 선봉군이 조선 땅 깊숙이 쳐내려왔다. 그렇다면 조선군이 청군을 뒤쫓아 남쪽으로 추격하면 되지 않을까?

그것도 쉽지 않았다. 바람처럼 달려 나가는 기병을 조선 보병이 어떻게 따라잡나. 또 청군이 한꺼번에 남하한 것이 아니고 1진, 2진, 3진, 시간 간격을 두고 남으로 향했다. 어디가 마지막인지 알

수가 있어야지.

이미 광해군 조정 때 후금군의 한양 직공 가능성에 대비해야 한다는 의견이 있었다. 광해군 역시 그럴 가능성을 인식하고 대처 방법을 고심했었다. 인조 정권에서도 그랬어야 했다.

사실 인조도 처음에는 적이 한양을 직공할 가능성을 따져 보았었다. 즉위 초에 병법에 능하다는 전유형을 불러서 물었다. "만일 적군이 여러 곳의 지키는 성을 버리고 곧장 쳐들어오면 어떻게 할 것인가?"

그랬더니 전유형이 이렇게 대답했다. "이는 병가의 금기 사항이니, 적은 필시 군사를 고립시키면서 깊이 들어오지는 않을 것입니다."¹¹ 한마디로, 그럴 리 없다는 말이다. 실제로 정묘호란 때 후금군은 한양으로 직공하지 않았다. 결국, 인조도 그럴 리 없다고 여기게 되었다.

1636년(인조 14) 12월 13일, 청군이 안주에 이르렀다는 급보가 도착하자 영의정 김류는 인조에게 어서 빨리 강화로 들어가야 한다고 했다. 그러자 인조는 적이 반드시 깊이 들어오지는 않을 것이라고 말했다. 그러나 인조의 예측과 달리 적은 너무 빨리, 너무 깊이 들어와 버렸다.

무엇이 문제였을까

사실, 전투는 산성이 하는 게 아니고 병사가 하는 거다. 당시까지도 조선 조정은 마음만 급할 뿐이지 제대로 된 병사를 길러 내지 못했다. 병사는 곧 백성이다. 백성을 보살펴야 제대로 된 병사를 얻는다. 강한 병사는 훈련을 통해 길러지고 사력을 다해 싸우는 병사는 지도자의 관심과 애정을 통해서 길러진다.

백성은 임금의 사랑을 직접 경험할 기회가 거의 없다. 지방관을 통해서 임금의 다스림을 받는다. 그리하여 지방관이 정성으로 애민(愛民)하면 그런 수령 보내 주신 임금을 공경하게 되고 지방관이 지독하게 괴롭히면 그런 사또 보내 준 임금을 욕하게 된다.

즉 수령이 어떻게 하느냐에 따라 백성의 눈빛이 얼마든지 바뀔 수 있는 것이다. 하지만 진실로 애민하는 수령이 너무도 부족하였다.

일찍이 인조가 강조했었다. "오늘날 적을 방어하는 계책은 오로지 수령과 변장이 인심을 얻도록 힘쓰는 데에 있을 뿐이다. 아무리 금성탕지(金城湯池)가 있다 하더라도 인화(仁和)를 잃게 되면 강토를 적에게 주는 결과가 될 것"[12]이다. 누구나 아는 이야기, 문제는 실천이었다.

병자호란이 일어나기 1년여 전, 홍문관의 중진 관리들이 인조에게 장문의 글을 올렸다. 바른 정치를 펼쳐 흐트러진 나라의 기강을 바로 세워 달라는 촉구였다. 그들은 국방의 문제도 말했다.

[백성에게] 감당하기 어려운 부역을 독촉하고 마련하기 어려운 물품을 책임지워, 그들이 스스로 보존하지 못해 사방으로 흩어지게 만듭니다. 그러면 그 이웃이나 일족까지 침탈해서 장차 백성이 하나도 남아 있지 않게 될 것이니, 어떻게 그들의 마음을 심복시켜 죽을힘을 다하게 할 수 있겠습니까.[13]

이놈 저놈에게 뜯기고 뜯기다 더는 견딜 수 없게 된 백성들, 차라리 깊은 산속 들어가 화전이라도 일구는 게 낫겠다, 부모님 사셨던 그리고 내가 사는 정든 집 버리고 야반도주, 그러면 남아 있는 친척이나 이웃에게 달아난 이의 세금까지 물리는 웃기는 세상, 이제는 끝이구나, 남아 있던 이들마저 집 떠나 정처 없이 떠돌고, 그래서 마을마다 텅텅 비어 가는 현실.

세금 거두는 지방관과 향리들만 문제인가. 그렇지 않다. 홍문관원들은 인조에게 올린 글에서 조정도 문제라고 지적했다. 조정은 백성 비틀어 악착같이 거두는 지방관을 정성을 다하는 훌륭한 목민관이라 칭찬한다. 헐벗은 백성에게 차마 세금 독촉 못하는 지방관을 명예만 추구하는 무능한 목민관이라고 욕한다. 이게 문제라는 것이다.

인조 때만 이런 문제가 발생한 것은 아니다. 하지만 정묘호란을 겪은 조정은 이 문제를 고민했어야 했다. 백성을 살리는 근본적인 개혁이 필요했던 것이다. 최소한 백성에 대한 유무형의 착취 구조를 바로잡는 노력이 더 있어야 했다.

그런데 인조는, 홍문관원들의 지적에 따르면, 정치를 바로 해 보겠다는 의지가 부족하고 일 처리가 고식적이라서 앞날에 대한 대비가 부족했다. 자잘한 일에는 지나치게 신경 쓰고 큰 그림을 그릴 줄 몰랐다. 그럭저럭 하루하루 무탈하기만을 바라며 지냈다.[14] 이런 상태에서 병자호란을 당했던 것이다.

병자호란

왜, 또?

정묘년에 한 번 들쑤셔 놓았으면 됐지, 10년 만에 또 쳐들어온 이유가 뭘까. 청나라는 아직 명나라를 점령하지 못했다(명이 멸망한 것은 1644년이다). 여전히 명나라가 타깃이다. 그동안 신경 쓰이던 몽골은 굴복시켰다. 이제 남은 건 조선이다. 확실하게 눌러놓아야 한다. 그래서 쳐들어왔다.

그때 화친조약을 맺지 않았나. 정묘호란 당시의 화친조약은 조선과 후금, 어느 나라도 만족스럽지 않았다. 후금은 조선과 명의 외교 관계를 끊으려고 했으나 그렇게 하지 못했다. 명과 조선의 군신관계를 그대로 인정하면서 형제관계 맺음에 만족해야 했다.

후금의 '욕구불만'은 조선에 대한 괴롭힘으로 표출됐다. '형'은 '아우'를 수탈하고 간섭하고 수시로 불만을 토해 냈다. 군대를 보내라, 배를 보내라, 맡겨 놓은 듯 요구도 당당했다. 1633년(인조 11)에는 홍타이지가 조선에 대략 이런 내용의 국서를 보냈다.

우리 후금 군대가 배에는 서툴다. 조선은 배 부리는 솜씨가 명나라보다 뛰어나다. 형제의 우애를 생각해서 크고 튼튼한 전선과 사공을 보내라. 그러면 그동안 조선이 잘못한 걸 다 용서할 것이고 안 그러면, 재미없을 것이다.[15]

'윽, 더는 못 참겠다.' 인조가 후금에 절교를 선언하는 국서를 보냈다. 정묘년의 화친조약을 없던 거로 하고 형제관계를 무효로 한다는 엄청난 선언이었다. 후금의 반응이 어떠했을까?

반응이고 뭐고 없었다. 인조의 국서가 후금에 전달되지 않았다. 그 대신 절교한다는 내용을 뺀 수정본이 갔다. 그 사연이 이러하다.

청으로 인조의 절교 국서를 갖고 가던 사신 김대건이 압록강을 건너려다가 제지당했다. 국경을 수비하던 도원수 김시양과 부원수 정충신이 김대건을 그냥 의주에 머무르게 해 놓고 인조에게 급히 상소문을 보냈다.

"국교를 끊는 것이 성패를 생각하지 않고 차라리 나라와 함께 죽겠다고 하신 것이라면 신 등이 진실로 감히 이의를 제기할 수 없 겠습니다만, 만약에 짐짓 국교를 끊는다는 뜻을 보여 그들을 두렵 게 하여 따르게 하는 것이라면, 이 오랑캐는 너무 교활하므로 반 드시 이 말에 동요되지 않을 것입니다. 나라를 꾀하는 방법으로 볼 때 이처럼 위험한 계책을 써야 하겠습니까."

"임금이시여! '그래, 죽자, 한번 붙어 보자.' 진실로 이런 마 음이시라면 저희도 기꺼이 싸웁니다. 그게 아니고 저들을 흔들어 보겠다는 계책으로 절교를 알리는 것이라면, 이는 너무도 위험하 니 따르기 어렵습니다." 이런 의도다.

김시양 등은 국서의 내용을 고쳐서 다시 보내시라고 요청했다. 임금이 보내는 국서를 가로막고 임금의 결단을 반박하는 상소를 올린 것은 완전히 죽음을 각오한 행동이다.

"신들이 잠시 김대건을 의주에 머물러 있게 하여 다시 조정의 분부를 기다리게 하였습니다만 임의로 사신을 머물러 있게 한 죄, 만 번 죽어 마땅합니다. 이는 외직을 맡은 신하로서 감히 논의할 바 아니나, 국가의 안위가 경각에 달린 이때를 당하여 어찌 마음에 소견이 있는데 말하지 않을 수 있겠습니까. 대체로 세상의 일을 마음에 통쾌하게 하면 후회가 따르게 마련인데, 다른 일은 후회할 수 있어도 이 일은 후회할 수 없습니다."[16]

김시양과 정충신이 하옥됐다. 크게 노한 인조가 그들을 참수하려 했으나 대신들이 말렸다. "지금 김시양 등이 전방에 있으면서 [우리] 방비가 형편없음을 목격하였기 때문에 그 말이 더욱 간절한 것입니다. 김대건이 가지고 가는 국서를 약간 고쳐 여유를 두게 하는 것이 적절할 것 같습니다."

결국 인조는 이렇게 명했다. "국서를 속히 고쳐 써서 그들이 성을 내는 우환거리를 없게 하라."

김시양의 상소 가운데 한 문장을 다시 곱씹는다. 세상일을 마음에 통쾌하게 처리하면 후회가 따르기 마련이다! 그런데 말이다, 나라 망하는 일이 아니라면, 아주 가끔은 마음 통쾌하게 처리하는 용기도 필요하다. 후회가 좀 남아도 정신 건강에 좋다.

한편 청 태종은 조선이 먼저 정묘호란 때 맺은 화친조약을 깼다고 주장했다. 조선이 먼저 배신했기 때문에 조선을 칠 수밖에 없다고 했다. 조선이 배신했다는 증거가 있나. 청 태종이 제시한 것은 인조가 1636년(인조 14) 3월에 지방관들에게 보냈던 교서였다. 일종의 비밀 편지다.

편지 보내기 얼마 전 후금의 사신 용골대가 후금에 속하게 된 몽골 사람들과 함께 조선에 왔다. 여러 통의 외교문서를 가지고 왔는데 후금의 한(汗) 홍타이지를 황제로 추대하자는 문서들도 있었다. 세상에 황제는 명나라 임금뿐이거늘, 감히…. 조선 조정은 수령을 거부했다.

"인신(人臣, 신하)의 처지로 다른 나라 임금에게 글을 보내는 규례는 없다. 이웃 나라 군신 간에도 일체 서로 공경하는데 어찌 감히 대등한 예로 글을 보낸단 말인가."[17]

문제의 문서 발신인은 홍타이지가 아니라 후금의 팔대신(八大臣)과 몽골 왕자들이었다. 조선은 홍타이지의 신하들이 조선의 국왕에게 문서를 보낼 수 없다는 외교 격식의 문제를 구실로 접수를 거부한 것이다. 후금 대신들이 글을 보내려면 조선의 대신들에게 보내야 격에 맞는 것이지, 어찌 건방지게 국왕에게 직접 보내느냐, 이런 얘기다.

이 사실이 알려지면서 후금 사신을 처형하라는 상소가 오르는 등 분위기가 아주 험악해졌다. 생명에 위협을 느낀 용골대 일행이 서둘러 돌아갔다. 사실상 도주였다. 양국 관계가 심상치 않아졌다.

인조는 지방관들에게 급히 교서를 보냈다. 만약의 사태에 대비해 수비를 강화하라는 내용이었다. 후금에 대한 욕도 좀 했다. 그런데 평안도 관찰사에게 가던 교서에 문제가 생겼다. 황당한 배달 사고, 후금으로 돌아가던 용골대 일행에게 빼앗긴 것이다.

인조는 입술이 타고 피가 말랐을 것이다. 비밀 교서가 홍타이지에게 갈 일을 어찌 예상했겠는가. 바로 후금에 사과 편지를 보내서 두 나라의 화친이 변함없음을 밝혔다. 뒷담화 찰지게 하다가 당사자에게 딱 걸린 당혹스러움이 묻어났다.

병자호란

이제 인조가 비장하게 팔도에 내려보냈던 문제의 그 교서를 보자.

"우리나라가 갑자기 정묘지변(정묘호란)을 당하여 부득이 임시로 기미를 허락했는데, 오랑캐의 욕구는 한이 없어서 공갈이 날로 심해지고 있다. 이는 참으로 우리나라에 전에 없던 치욕이다. 그러니 치욕을 참고 통한을 견디면서 장차 한번 기운차게 일어나 이 치욕을 씻기를 생각함이 어찌 끝이 있겠는가.

요즈음, 이 오랑캐가 더욱 창궐하여 감히 참람한 칭호(홍타이지의 황제 호칭)를 가지고 의논한다고 핑계를 대면서 갑자기 글을 가지고 나왔다. 이것이 어찌 우리나라 군신이 차마 들을 수 있는 것이겠는가. 이에 강약과 존망의 형세를 헤아리지 않고 한결같이 정의로 결단을 내려 그 글을 물리치고 받아들이지 않았다.

호차 등이 여러 날 요청했으나 끝끝내 요청이 받아들여지지 않자 화를 내고 가게 되었다. 도성 사람들은 병혁(兵革, 전란)의 화가 조석에 박두해 있다는 것을 알고 있으면서도 도리어 그들을 배척하고 끊은 것을 통쾌하게 여기고 있다.

조정의 이런 중대한 조치로 위급한 상황을 맞게 되면 팔도의 백성들이 반드시 분발하여 죽음을 맹세코 원수를 갚으려 할 것이다. 어찌 지역의 원근과 지체의 귀천이 다르다 하여 차이가 있겠는가. 충의로운 선비는 각기 있는 책략을 다하고 용감한 사람은 종군을 자원하여 다 함께 어려운 난국을 구제해 나라의 은혜에 보답하라."[18]

이 교서를 '척화교서', '절화교서' 등으로 부른다. 그런데 정말

'척화교서' 또는 '절화교서'인가에 대해서는 학계에서 이견이 있다. 인조가 교서 어디에서도 화친조약을 깬다고 선언하지 않았으니 척화를 공포한 것으로 보기 어렵다는 것이다.

그런데 내용이 자극적이기는 하다. "장차 한번 기운차게 일어나 이 치욕을 씻기를 생각함이 어찌 끝이 있겠는가." 전쟁하겠다는 의미로 읽힐 만한 부분이다. 홍타이지 입장에서 이 교서를 조선의 척화 선언으로 받아들일 여지가 있었다. 이 교서 때문에 병자호란이 일어난 것은 아니다. 그래도 청나라에는 꽤 쓸 만한 침략 명분이 되었다고 하겠다.

어차피 명분 싸움이다. 맹약이 깨진 것이라면, 어느 쪽이 깬 것일까. 조선이 군사를 정비하고 성을 수축한 것도 따지고 보면 정묘호란 맹약을 어긴 것이기는 하다. 하지만 본질적인 맹약 파기는 청나라가 했다고 볼 수 있다. 조선에 신하국이 되라는 요구 자체가 형제관계 맺었던 정묘년의 맹약을 파기한 행위였다.

아무튼, 분위기가 영 안 좋다. 더해서 설상가상의 사건이 이어진다. 1636년 4월, 심양에 사신으로 가 있다가 홍타이지의 황제 즉위식에 참석하게 된 춘신사(春信使) 나덕헌과 회답사(回答使) 이확이 홍타이지에게 절하는 걸 거부해서 즉위식 분위기를 얼려버렸다. 만주족과 몽골족, 그리고 투항한 한족까지 참여한 '국제적' 즉위식에서 청 태종은 조선 사신에게 망신을 당했다. 파국이었다.

청의 위협이 더 심해졌다. 시달리기만 하던 인조가 작정하고 청태종에게 글을 보낸다. 눌러 왔던 속마음을 드러냈다.

"… 한마디 말할 것이 있습니다. … 어찌하여 귀국은 이웃으로 화친하기를 약속하고도 번번이 깔보고 업신여기며 꾸짖고 욕합니까. … 귀국의 사신이 와서는 우리 신료들에게 욕하면서 예로 공경하는 뜻이 전혀 없었고 … 우리에게 반드시 따르지 못할 일로서 억지를 부리면서 병력이 강하다는 이유만으로 형제지국을 협박하면서 우리나라가 먼저 전쟁의 꼬투리를 열었다고 말하기까지 하고 있습니다. … 귀국이 널리 생각하고 깊이 생각하면 매우 다행이겠습니다. "[19]

최명길이 양국 관계의 파국을 막아 보려고 상당히 애썼다. 하지만 잘 되지 않았다. 조정에 척화의 뜨거움만 그득했다. 인조는 청태종에게 할 말 다 하는 결기를 보였다. 그럼 이제 앞으로 나아갈 길을 제시하고 과단성 있게 이끌어야 한다. 그게 왕이 할 일이다. 그런데….

청군 침략 한 달 전, 병조판서 이성구가 아뢰길, 전쟁이 일어날 게 뻔한데 팔짱 끼고 앉아 있는 게 민망하다며 병마를 국경으로 모아 청의 침략에 대비해야 한다고 했다. 그랬더니 인조가 이렇게 대답했다.

"수어(守禦, 적의 침입을 막음)할 준비를 하고자 하면 형세가 이와 같고 기미할 방책을 세우고자 하면 명사(名士)의 무리가 모두 불가하다고 한다. 적은 오고야 말 것인데 어떻게 해야 하는가?"[20]

적을 막아 낼 준비를 제대로 하자니, 현실적으로 어렵고 화해를 모색하자니, 반대가 심해서 어렵다는 말이다. 어떡하지? 어떡하지? 그러다가 청군의 침략을 당한 꼴이다.

어찌 강화도가 떨어졌단 말인가

남한산성의 인조가 성을 나와 항복하게 된 결정적 사건이 강화
도 함락이다. 1637년(인조 15) 1월 22일 그날, 강화도가 청군에게 떨
어진 원인을 따져 보자. 가장 큰 이유가 방심이다. '설마'가 사람
을 잡았고 나라를 잡았다.

아직 겨울이다. 강화해협(염하)에 유빙(流氷, 성엣장)이 가득하다.
배가 건널 수 없다. 설사 물이 풀려도 유목민인 청군이 배를 타고
건너지는 못할 거라고 여겼다. 배도 구할 수 없다. 청군이 한강쯤

에 배를 마련했다고 해도 강물이 얼어붙어 움직일 수 없다. 그래서 '에이, 설마' 하고 제대로 방비하지 않았다.

사람들이 김경징(1589~1637)에게 청군의 공격에 대비해야 한다고 거듭 말했으나 듣지 않았다. 김경징은 '청군이 여길 어떻게 와, 새처럼 날아오면 몰라도.' 이렇게 생각했다고 한다.

그랬는데 청군이 기습적으로 배를 띄웠다. 작은 배 40여 척을 수레에 실어 통진 문수산 아래로 옮겨온 것이다. 물이 있어야 움직일 수 있는 배를 물 없는 육지로 운반한 기발한 작전이었다.

어떤 사람이 와서 말하기를, "적군이 삼강(三江, 한강)에 모여 있으면서 가옥을 헐어 재목으로 혹은 작은 배를 만들고 혹은 동거(童車, 작은 수레)를 만들고 있으니, 그 의도가 아마 강화도에 있는 것 같다." 하였다. 경징은 손뼉을 치고 크게 웃으며 말하기를, "강에 얼음이 아직 단단한데 어떻게 육지에 배가 다닐 수 있겠는가." 하였다.[21]

사전에 정보가 있었던 거다. 그러나 '상식적'인 경징은 육지에 배가 다닐 수 있겠는가, 무시했다. 세상은 상식으로만 돌아가는 것이 아닌데. 청군의 강화 침공 전날 밤, 통진가수(通津假守) 김정이 김경징에게 급히 보고 했다.

청군이 수레에 배를 싣고 통진나루로 향하고 있으니, 강화를 치려는 것입니다! 김경징은 쓸데없는 소릴 해서 불안감을 조성한다고 화내며 김정을 죽이려고 했다. 막 목을 베려고 하는데, 그때, 바로 그때, 긴급 보고. "적이다. 적이 건너오려고 한다!"

청군의 배는 갑판도 없는, 쟁반처럼 생긴, 거의 뗏목 수준의 선박이었다. 배 한 척에 몇 명이나 탔을까? 수레에 실어 올 정도로 작은 배니까 많이 탈 수는 없다. 조익(1579~1655)의 《포저집》에 실린 〈병정기사〉에 따르면 5, 6명 정도가 타고 있었다. 그런 배로 갑곶에 상륙해 힘들이지 않고 강화도를 점령했다.

하필 그때 염하의 얼음이 꽤 풀려 있었나 보다. 지금도 그렇다. 한겨울 며칠 유빙이 가득했다가 어느 날 갑자기 언제 그랬냐는 듯 싹 사라진다. 심할 때는 집채만 한 얼음덩이가 흐르는데 청군이 공격하던 날에는 유빙이 있다 해도 크기가 그냥 자잘했던 모양이다.

유빙이 작아도 노를 젓기는 쉽지 않을 텐데? 청군이 노 대신 상 앗대질을 했다고 한다.[22] 대나무처럼 길쭉한 나무로 바다 바닥을 밀면서 전진한 것이다. 의외로 갑곶 앞바다가 깊지 않아서 가능한 일이었다.

매달 음력 22일이나 23일쯤이 조수간만의 차이가 가장 작은 조 금이다. 조금일 때는 사리 때와 달리 바닷물의 수위가 낮아져서 상 앗대질이 가능하다. 청군이 강화 침공일을 22일로 정한 것은 우연 이 아닐 것이다. 바닷물 흐름의 특성까지 청군은 파악하고 있었다. 유감이지만, 그들은 다 계획이 있던 것이다.

유목민족이 배를? 만주족(여진족)은 고려 때의 몽골족과 달랐다. 배를 다룰 줄 안다. 그들 영역의 동쪽은 바다에 닿아 있다. 다만 배 타고 싸우는 수전(水戰)에 서툴 뿐이다.

고려 몽골 항쟁기 강화해협은 지금보다 몇 배나 넓었다. 해안가 는 온통 수렁 갯벌이었다. 배를 대고 내릴 곳이 갑곶 정도였다. 그 런데 병자호란 당시 강화도는 간척으로 해안선이 단조롭게 변했고 특히 바다 폭이 지금처럼 좁아졌다. 이곳저곳 배 댈 곳도 많아져서 수비가 그만큼 어려워졌다.

광해군 즉위 첫해에 사간원에서 광해군에게 은밀히 고했다. 강 화가 완전무결한 방어 공간이 아님을 짚었다. 사간원은 우선 고려 때 몽골군도 범하지 못했다며 강화도의 가치를 인정한다. 그러면 서 한계도 정확하게 지적했다.

그러나 지금은 그와 같지 않아 크게 우려되는 바가 있고 바다로 둘린 요해(要害)도 믿을 수 없습니다. 귀화한 호인(여진인)들이 해서(海

㉑)로부터 경기·호남·호서의 해변 열읍에 이르기까지 없는 곳이 없
으며, 그중에도 호남·호서에 더 많아 고기잡이로 생업을 삼으면서
나무를 베어 배를 만드는 자가 날로 불어나, 4도에 퍼져 뿌리박고
있는 배가 2백여 척에 이르고, 해로에 익숙하여 배를 부리기를 말
부리듯 하여 실로 우리나라 사람이 미치지 못할 지경입니다.

　만약에 급한 경보가 있다면 반드시 두 마음을 품어 저들과 상통
하기도 할 것이며 바다에 들어가 방해하기도 할 것이니 그 걱정이
어찌 적겠습니까.[23]

여진족이 배를 못 탄다는 고정관념을 버려야 한다는 주장이다. 조선으로 귀화해 사는 많은 여진인이 배를 만들고 부리는 데 능숙한데 후금이 침략할 경우 그들 가운데 누군가가 후금의 수족이 될 수 있다는 우려다.

정묘호란 당시 인조도 후금군이 배를 타고 강화를 공격할 가능성이 있다고 여겼다. 후금군이 대동강쯤에서 배를 띄우면 여기 강화에 도달할 수 있겠느냐고 신하들에게 묻기도 했다. 갑곶 외에 강화의 북쪽 해안도 적의 침략로가 될 수 있을 것으로 여겼다.

교동도

양사면   승천부

송해면   연미정

하점면

상주산   고려산   북산   문수산성

내가면   충렬사

외포리   강화도

석모도

서도면   해명산

진강산

광성보

덕포진

마니산   정족산   초지진

지금의 강화도와 교동도, 석모도

정묘호란 때인 1627년(인조 5) 2월 8일, 연미정. 인조는 김류에게 승천부가 어느 쪽이냐고 물었다. 승천부(昇天府)는 지금 강화도 북쪽 해안인 송해면 당산리 지역이다. 후금 사신이 이곳으로도 오갔다 (고려시대에는 지금의 북한 개풍 지역을 승천부라고 했다. 시기와 문맥을 고려하여 승천부의 위치를 파악할 필요가 있다).

인조는 연미정에서 바로 송악산(강화읍 북산)으로 올라가 지형을 두루 살폈다. 승천부의 위치를 가늠해 보고 후금군이 북쪽에서 배를 타고 쳐내려올 가능성도 따져 보려고 그랬던 것 같다.

그때 인조는 전국의 수사들을 독촉해 강화로 배를 몰고 오게 했고 한강가의 배들을 후금군이 타지 못하게 불태웠으며 강화에서 직접 방패선이라는 전선을 새로 만들게 했다. 대비가 치밀했다. '정신교육'도 빼놓지 않았다. 연미정과 북산을 두루 살핀 다음 날 조정 신료들에게 명했다.

"어제 이 지방의 형세를 살펴보니 천험이라 할 수 있다. 그러나 그저 장강(長江)만 믿고서 사람의 계책이 좋지 못하고 또 확고한 의지가 없으면 위망이 당장 닥칠 것이다. 무릇 섬 안에 있는 사람들은 나의 사수하려는 뜻을 알아서 안일을 탐하지 말고 마음을 다하고 힘을 다하여 기어이 사수하도록 하라."[24]

조정은 인조의 말을 글로 써서 사람들이 많이 다니는 각문(各門)과 나루에 붙였다. 오가는 이 모두가 읽고 새기라는 의미였다. 그러나 병자호란 때는 인조가 강화에 없었다.

공유덕이?

강화가 함락되던 그날, 강화 소식을 아직 듣지 못한 남한산성 조정, 사간 이명웅이 인조에게 이렇게 아뢰었다. 적은 강도를 침범할 수 없다, 다만 적에게 붙은 누군가가 인도하여 들어간다면 강화 침범이 가능해질 것이다.[25] 실제로 그렇게 되고 있었다.

당시 강화도를 침공한 청군은 강화와 통진 사이 바다의 물길, 물때는 물론 유빙의 상태까지 읽어냈다. 조선에 살던 여진인들이 도왔을 가능성이 있다. 아니라면 조선 백성 누군가가 청군에게 물길 정보를 제공했을 것이다.

청에 항복한 공유덕 등이 지휘하는 한인(漢人) 병사들이 배를 몰았다던데? 공유덕 등 명나라 장수 몇이 수하 군사들과 전선을 이끌고 청에 항복했고 그들 일부가 병자호란에도 동원됐다. 하지만 알려진 것과 달리 이들의 병력이, 강화 침공 당시에는 강화도에 오지 않았던 것 같다.

공유덕들은 전선을 지휘하여 조선에 온 것이 아니라 다른 청나라 군대처럼 육로로 남하했다. 그들이 강화에 온 것은 병자호란이 끝나고 나서이다.

청나라 사람이 장차 가도를 습격하려고 경중명과 공유덕으로 하여금 크게 배를 수선하게 하고, 또 본국으로 하여금 주사를 조발하여 보내도록 하였다.[26]

1637년(인조 15) 2월 2일의 실록 기록이다. 이미 모문룡은 죽었으나 가도는 여전히 명군의 군사기지로 남아 있었다. 청 태종은 경중명과 공유덕에게 가도를 치게 했다.

사흘 뒤인 2월 5일에 인조는 호조참의 신계영을 강화로 급히 보내면서 "공유덕과 경중명이 배를 수선하러 서쪽으로 갔으니, 연해의 제도(諸島)가 약탈당할 염려가 없지 않다. 원손이 지금 교동에 있고 백성들 중에도 섬에 들어가 사는 사람이 많으니, 이 뜻을 아울러 유시하여 즉시 옮겨 피하도록 하라."[27]라고 명했다.

20여 일 뒤에는 춘추관이 인조에게 공유덕과 경중명이 지나간다는 말 때문에 부내(府內, 지금 강화 읍내)가 또다시 텅 비었다고 보고했다.[28]

한마디로 공포의 대상이었다. 그런데 공유덕들의 군대가 강화를 침범해 약탈하고 죽이는 만행을 자행했는지는 불확실하다. 다만 가도 정벌을 위해 강화도에 와서 머물며 전선을 손보고 정비했던 것은 사실이다. 물론 그 과정에서 민폐는 당연히 있었을 것이다. 당시 강화에 있었던 정양(1600~1668)은 이런 기록을 남겼다.

이때 가도를 침범하려는 오랑캐의 선박이 강화도의 연미정에 와서 정박하였는데, 모든 섬을 수색하라는 말이 있었던 데다 임금께서 교동의 사민들에게 오랑캐가 가는 길을 피해 달아나라는 교지를 내리기까지 했기 때문에 남쪽 해변의 외도로 달아나는 자들이 이루 다 헤아릴 수가 없었다.[29]

청나라와 조선 연합군이 가도를 공격해 점령하게 되는 것은 1637년(인조 15) 4월이다. 청나라에서 공유덕과 경중명 등이, 조선에서는 유림과 임경업 등이 참전했다. 실록은 이렇게 기록했다. "청나라 장수 마부달이 주사 70여 척을 이끌고 와서 가도를 격파하였다. [명나라] 도독 심세괴가 굽히지 않고 싸우다 죽었으며 군병도 사망한 자가 1만여 명이었다."[30]

인조에게 가도는 의지처였고 또 한편으로 앓던 이였다. 명나라의 분신과도 같은 가도를 치라고 인조는 군사를 보내야 했다. 심사가 참으로 복잡했겠다. 그나저나 가도는 조선 땅인데, 명나라 영토가 아닌데, 오래도록 명나라 땅 같았다.

광성진이 아니었다

청군이 갑곶 건너편에서 바다를 건너려고 할 때 조선의 수군은 뭘 했나?

거기 갑곶 바다에, 없었다. 조선의 전선 수십 척이 갑곶 저 아래 광성진(廣城津)에 모여 있었다(아직은 광성나루, 광성진이었다. 해안경계부대 광성보가 설치되는 것은 효종 때인 1658년이다. 효종은 봉림대군 시절에 강화에서 청군의 침공을 직접 겪었다. 즉위 후 강화의 방어시설 구축에 심혈을 기울였다).

왜 갑곶을 비워 두고 광성진에 가 있었을까. 청군이 침공한다면 갑곶이 아니라 광성진일 것으로 판단했기 때문이다. 갑곶은 겨우내 거의 유빙으로 막힌다. 물길이 열릴 때가 드물다.

그런데 광성진쯤 내려가면 유빙이 빠져나가 물길이 열린다. 무난하게 건널 수 있다(지금은 갑곶 앞바다에 유빙이 덮이면 광성보 쪽에도 덮인다. 초지진 아래 황산도를 간척해서 육지와 연결하면서 물의 흐름이 더뎌졌기 때문일

광성보

병자호란 그때 봉림대군은 강화에 있었다. 강화의 참상, 모두 보고 듣고 느꼈다. 즉
위해서 효종이 되었다. 효종은 북벌론을 전개하며 강화도 방비 구축에 골몰한다.
강화는 외침을 당할 때 최후의 보루다. 한양에서 방어가 어려울 때 조정이 옮겨가
끝까지 항전할 장소, 즉 보장처인 것이다. 병자호란 때처럼 쉽게 점령되어서는 안
된다. 그러자면 방비 시설부터 제대로 갖추어야 한다. 고민의 결과는 우선 진과 보
를 설치하는 것이었다. 그래서 해안 경계 부대인 광성보를 비롯해 여러 개의 진과
보를 설치한다. 숙종쯤에 와서 초지진 등 5진과 광성보 등 7보, 그러니까 12개의
진보가 완성된다. 한편 광성보는 신미양요 때 미군과 최후의 격전을 치른 곳이다.

것이다. 초지대교도 물의 흐름을 방해하는 요인이 되고 있을 것 같다).

그래서 청군의 침공로를 광성진으로 예상하고 전선을 그쪽에 배치했던 것이다. 나름 합리적인 결정이었다. 적이 상륙할 경우 그들을 막아야 할 육군 병사들도 거의 다 광성진 쪽에 가 있었다.[31] 갑곶을 비워 두고 말이다. 그랬다가 청군에게 허가 찔렸다.

갑곶과 광성에 병력을 나누어 배치했으면 좋았을 텐데. 그렇다. 그래야 했다. 하지만 병력이 워낙 부족했다. 정묘호란 때는 상당히 많은 병력이 집결해 있었다. 적어도 1만여 명 이상이었다. 하지만 병자호란 당시 강화에는 병사가 별로 없었다. 임금이 있을 때와 없을 때의 차이가 아주 컸다. 다음 사료는 강화도 함락 사정을 이해하는 데 보탬이 되는 정보를 담고 있다.

상이 이르기를, "들어간 사람이 잘 대처하지 못한 탓에 이 지경에 이른 것이다." 하니, 구굉이 아뢰기를, "비록 잘 대처했다 하더라도 강도의 군사는 겨우 1,600명뿐이었으니, 이 숫자를 가지고 적을 당해 낼 수 있었겠습니까." 하였다.

상이 이르기를, "그 군사 중에서도 600명을 덜어 내어 내보냈다. 헤아림이 이렇게 짧으니 어찌 패하지 않을 수 있었겠는가." 하니, 구굉이 아뢰기를, "그들의 화포를 살펴보니, 참으로 대적할 수가 없었습니다. 비록 전군(全軍)이 지키게 하고 수사가 와서 모이게 했더라도 진실로 대적할 수가 없었을 것입니다."[32]

인조는 김경징, 장신 등 지키는 자의 무능 때문에 강화가 함락됐다고 여겼다. 자연조건이 방어에 아무리 유리하다고 해도 결국 지켜내는 것은 사람의 몫이니 인조의 판단은 그르지 않다. 위 사료 《승정원일기》에 따르면 강화를 지키는 병력이 1,600명이었다.

그런데 600명이 뭍으로 옮겨졌으니 청군이 쳐들어올 당시에는 1,000명 정도가 있던 셈이다. 조선군은 청군이 침공할 경우 그들이 상륙하기 전에 바다 싸움에서 승부를 내겠다는 전략이었다. 그게 절대적으로 유리했다. 1,000명 중 상당수가 수군이었을 것이다.

왜 600명이 육지로 나갔는지 알 수 없으나 추정은 가능하다. 이 무렵, 병사를 모아 고립된 남한산성을 구원하라는 명령을 각 도에 전하는 관리들이 강화에서 출발했다. 이들을 호위해서 다녀올 병력으로 600명이 빠져나간 것 같다.[33]

"그들의 화포를 살펴보니, 참으로 대적할 수가 없었습니다." 총융사 구굉은 청군 화포의 위력을 말했다. 홍이포라는 대포다. 청군은 물 건너 통진 땅에서 홍이포를 쏘아댔다. 현대식 포탄처럼 폭발하는 게 아니라 그냥 거위알만 한 쇳덩이가 날아오는 것이다.

성을 부수는 공격용으로 위력적이다. 실질적인 피해보다 병사들의 공포심 유발에 더 효과적이었을 것이다. 홍이포가 청군의 강화도 상륙 성공에 기여한 것은 사실이다. 하지만 홍이포 때문에 강화가 함락됐다고 말하는 것은 아무래도 과장이 아닐까 싶다.

구굉이 군사와 전선을 충분히 동원했어도 청군을 막기는 어려웠을 것이라고 했지만, 그렇지는 않았을 것이다. 실록에 따르면 강화도 침공군 규모가 3만 명이라고 한다.[34] 하지만 이 역시 사실이 아닐 것이다. 전체 청군 규모가 3만여 명이었을 것이고 그들 대부분이 남한산성을 포위하고 있는 상황이다. 강화 침공군의 규모는 3천여 명 정도였던 것 같다.[35]

홍이포
(서울전쟁기념관)

'설마' 뒤에 숨지 않고 청군의 허실을 면밀히 파악하고 대비했다면, 수군만 제대로 움직였다면, 강화도를 지킬 수 있었다고 생각한다. 강화 수비군은 작전에 실패했고 경계에도 실패했다.

청군의 작전은 기발했다. 산성을 건드리지 않고 한양을 향해 재빠르게 내달려서 관성에 젖은 조선 수비군을 농락했다. 한강이 얼어붙어 배를 움직일 수 없자 수레에 배를 실어 육로로 옮기는 깜짝작전으로 강화 수비군의 혼을 빼놓았다.

허둥대기만 했던 강화도 수비책임자 김경징과 장신, 그들이 택한 건 도망이었다. 싸워 보지도 않고 가족마저 강화 땅에 놔두고 저기들만 살겠다고 제일 먼저 달아났다. 그렇게 강화가 함락된 것은 1637년(인조 15) 1월 22일. 그 소식이 남한산성에 전해진 것은 나흘 뒤인 1월 26일이었다.

강화 함락 소식이 남한산성에 알려지게 되는 과정은 이랬다. 좌의정 홍서봉 등이 청군 진영에 갔다. 용골대가 뭔가를 전해 주었다. 인조에게 올리는 봉림대군의 편지와 윤방 등이 쓴 장계였다.

장계(狀啓)란 왕의 명을 받고 외지에 나가 있는 신하가 그곳의 사정을 보고하는 글이다. 봉림대군과 윤방 등이 있는 외지는, 강화도다. 강화도가 청군에게 함락됐음을 알려 온 것이다.

처음엔 반신반의했다. 최명길도 믿기지 않는지 청군이 가짜 장계를 만든 건 아닌가 의심했다. 대군의 편지가 진짜냐고 인조에게 물었다. 인조는 아들의 필체를 안다. 확실하다고, 의심의 여지 없이 대군의 편지라고 대답한다.

강화에서 올라온 장계를 기웃하던 김류, 아들 김경징의 이름이 안 보인다, 왜지? 아무도 묻지 않았는데 불쑥 아뢴다. "장계에 김경징, 이민구의 이름이 없는데, 추측하건대 이들은 군사를 거느리고 다른 곳에 있거나 아니면 혹시 전사해서 그럴 것입니다."

아비는 아들을 믿는다. 믿고 싶다. 그런데 인조가 이렇게 대답했다. "내 생각에는 외지에 도망하여 피했기 때문에 장계에 들어 있지 않은 것으로 여겨진다."[36] 족집게다. 정확히 맞췄다. 김경징의 그릇을 알고 있던 거다. 인조에게 여쭙고 싶다. 그릇이 안 됨을 알면서도 중책을 맡긴 이유가 무엇입니까?

'아빠 찬스'

개성유수가 치계하여 적병이 이미 송도를 지났다고 알려오자, 마침내 파천하는 의논을 정하였다. 예방승지 한흥일에게 명하여 종묘사직의 신주와 빈궁을 받들고 먼저 강도로 향하게 하였다. 김경징을 검찰사로, 이민구를 부검찰사로 삼아 빈궁의 행차를 배행하며 호위하게 하였다.[37]

청나라 군대가 개성에 이르자 인조는 종묘사직 신주와 왕실 사람들을 먼저 강화도로 보냈다. 김경징을 검찰사로 삼아 빈궁 등을 보호하여 잘 모시게 했다. 검찰사(檢察使)의 '검찰'은 뭔가를 조사하여 밝힌다는 뜻인데, 호위라니?

조선시대 검찰사는 직무가 명시되지 않은 임시 관직이다. 민생을 살피고 민폐를 없애는 등 꽤 다양한 일을 맡았다.

"비변사가 재신을 검찰사로 삼아 삼남에 가서 … 사민(士民)을 효유(曉諭, 알아듣도록 타이름)하여 놀라 소요하지 말게 하기를 청하였다. "[38]라는 기록을 통해 검찰사가 민심을 도닥이는 일도 했음을 알 수 있다. 그런데 전쟁과 같은 비상시국에는 왕실 호위, 군량 확보 및 운반, 군사 지휘 등의 업무도 수행했다.

위 사료에 드러나는 검찰사 김경징의 표면적인 임무는 강화도까지 빈궁, 세손, 대군 등을 무사하게 모시는 것으로 국한됐다. 부검찰사 이민구도 "검찰사의 직분은 다만 도로와 배편 마련을 관리하는 것이므로 이미 강화도에 들어온 이상 저희는 실상 필요 없는 관직이었습니다. "[39]라고 말했다.

그러면 김경징은 그 임무를 제대로 수행했을까. 아니, 어이없는 짓을 했다.

경징이 배를 모아서 그의 가속과 절친한 친구를 먼저 건너가게 하고 다른 사람들은 함께 건너지 못하게 하였다. 이 때문에 사족 남녀가 수십 리나 뻗쳐 있었으며, 심지어 빈궁 일행이 나루에 도착해도 배가 없어서 건너지 못한 채 이틀 동안이나 밤낮을 추위에 떨며 굶주리고 있었다.

빈궁이 가마 안에서 친히 소리 질러 급히 부르기를 "김경징아, 김경징아, 네가 차마 이런 짓을 하느냐." 하니, 장신이 듣고 경징에게 말하여 비로소 배로 건너도록 하였다.[40]

이긍익의 《연려실기술》에 나오는 내용이다. 이긍익은 당대의 기록을 모아 병자호란을 정리했다. 이에 따르면 김경징은 자기 사람들부터 먼저 태워 보냈다. 빈궁(소현세자빈 강씨)을 모르는 체했다.

오죽하면 빈궁이 '김경징, 네가 어찌 이럴 수 있느냐', 소리를 질렀다는 말까지 전해질까.

그런데 빈궁이 배가 없어 통진에 묶여 있던 것은 아니었던 것 같다. 배는 있었다. 그 사정을 확인해 보자. 경기좌도 수운판관 어한명은 호조판서 김신국의 명을 받고 수참선 10여 척을 강화 갑곶 대안인 통진(김포시 월곶면)으로 미리 옮겨 정박하고 있었다. 호조의 각종 물품을 강화로 운송하려는 거였다.

수참선이란 세곡 실은 조운선이 안전하게 운항할 수 있도록 조운선 앞에서 뱃길을 인도하는 배라고 한다. 그런데 수참선도 세곡을 실어 나르곤 했다. 다만 조운선보다는 크기가 작다.

어한명은 그날 거기 통진에서 보고 듣고 겪은 일을 기록으로 남겼다.[41] 어한명에 따르면 왕실 피란 행렬이 통진에 도착한 날이 1636년(인조 14) 12월 15일이었다. 흰옷에 초립을 쓰고 흑마를 탄 봉림대군이 나타났다. 대군 등이 강화로 오면서 흰옷을 입은 것은 어머니 인열왕후(1594~1635)의 상중이었기 때문이다.

어한명은 봉림대군과 인평대군을 수참선에 태워 강화로 들어가게 할 생각이었으나 배 상태가 안 좋아 찜찜했다. 그때 마침 통진 덕포첨사가 배 두 척을 이끌고 남쪽에서 올라왔다. 견고한 해선(海船)이다.

김경징이 좋아라 덕포첨사의 배를 찜했다. "우리 집 식솔들이 이 배를 타고 건너야겠다." 어한명은 나머지 한 척에 대군을 타게 하려고 대군에게 뛰어갔다. 그때 김경징이 길을 막고 버럭 화내며 하는 말, "그대는 어찌하여 꼭 우리 집 식솔들이 탈 배를 빼앗아서 대군께 드리려고 한단 말인가?" 대군을 호위할 책임을 맡은 사람이 이러했다.

빈궁은? 빈궁과 원손 일행은 아직 오지 않았다. 봉림대군 일행이 강화도로 떠난 후에야 통진 나루에 도착했다. 어한명이 애써서 빈궁도 배에 오를 수 있었다. 그러나 출발하지 못했다. 물때가 썰물로 바뀌면서 물이 빠져 모래톱이 드러나 건너갈 수 없었다. 빈궁은 배에서 내려 마을 민가로 들어갔다.

다음 날 빈궁 탄 배가 출발했으나 눈보라에 유빙에 큰바람까지 몰아쳐 배가 앞으로 나가지 못했다. 할 수 없이 남쪽 손돌목(김포시 대곶면 덕포진 지역)으로 내려가 바람이 잔잔해진 뒤에 강화 광성진으로 건넜다.

어한명이 기록한 당시 상황으로 추정하면, "김경징아, 김경징아, 네가 차마 이런 짓을 하느냐." 빈궁의 외침은 사실이 아닐 가능성이 있다. 김경징에 대한 반감을 유도하는 극적 장치로 만들어진 말이 아닐까 싶기도 하다.

아무튼 김경징 그는 검찰사다. 빈궁과 대군을 안전하게 강화로 모실 임무를 받고 온 검찰사. 그러나 자기 가족이 먼저였다. 어떻게 이런 사람이 검찰사가 될 수 있었을까. 바로 '아빠 찬스'였다.

김경징의 아버지가 영의정 김류(1571~1648)다. 광해군을 내몰고 인조를 즉위하게 한 인조반정의 주역이다. 김류는 자기 아들을 검찰사로 삼으려고 했다. 제 입으로 제 아들을 말하기 민망했는지 우의정 이홍주에게 김경징을 추천해 달라고 요청했다. 이홍주는 뜨악했다. 김경징은 그릇이 안 되는 인물이었기 때문이다.

사관은 김경징을 이렇게 평가했다. "김경징은 한낱 광동(狂童)일 뿐이었다. 글을 배우지 않아 아는 것이 없고 탐욕과 교만을 일삼아 길에 나가면 거리의 사람들이 비웃고 손가락질하는데, 김류는 사랑에 가려 그 나쁜 점을 몰랐으나 사람들은 집안 망칠 자식이라 하였다."[42]

상당히 감정적이다. 아무튼 이홍주 역시 사관과 비슷한 생각이었던 것 같다. 그러나 그는 임금에게 김경징을 적극 추천했다. 김류에게 밉보이지 않으려는 처세술이었다. 인조도 미심쩍었나 보다. 김류에게 물었다. "경의 아들이 이 임무를 감당할 수 있겠소?" 김류는 그럴 것이라고 대답했다. 이렇게 해서 김경징이 검찰사가 되었다.

검찰사, 그 모호한 직책

강화도에 들어온 김경징은 강화유수부의 행정권과 군사지휘권까지 행사하려고 했다. 당연히 강화유수 장신과 충돌할 수밖에 없었다.

1636년(인조 14) 12월 30일, 남한산성. 예조판서 김상헌이 인조에게 아뢴다. "강도유수 장신이 그의 형에게 글을 보내기를 '본부의 방비를 배가해서 엄히 단속하고 있는데, 제지를 받는 일이 많다.'고 했답니다. … 신임 검찰사가 절제하려 한다면, 과연 제지당하는 폐단이 있을 것입니다."

김경징이 자꾸 장신을 간섭하니 그러지 않게 해달라는 요청인 셈이다. 그러자 인조가 말한다. "그게 무슨 말인가. 방수(防守)하는 일은 장신에게 전담시켰으니, 다른 사람은 절제하지 못하도록 전령하라." 강화도 방어 책임자는 유수 장신이다, 김경징이 간섭하지 못하게 하라, 이렇게 명령한 것이다.

왕의 명령은 먹히지 않았다. 김경징은 결국 강화부 수비 책임자 행세를 했고 장신은 바다로 나가 수군을 지휘했다. 좀 석연치가 않다. 아무리 아버지 '백'을 믿고 설친다고 해도 제 마음대로 강화유수를 밀어내고 지휘권을 장악할 수 있을까. 그렇게 왕을 우습게 만드는 게 가능할까?

강화도 지키는 일을 장신에게 전담하게 했다는 인조의 말은 진실이 아니었던 것 같다. 인조가 우왕좌왕하고 있는 것 같다. 김상헌의 문제 제기가 있기 열흘 전에 이미 인조는 강화 김경징에게 글을 보내 이렇게 명령했었다.

본도(강화도)의 방비를 소홀히 하지 말고 하삼도의 수군을 급히 징집하는 한편 전선을 잘 숨겨 관리하며 대기하라. 그리고 삼강(三江)의 얼음이 풀리면 염려스러운 일이 많이 생길 것이니 모든 일을 유수와 상의해서 잘 대처하라.[43]

강화도 방비 책임자로 김경징을 지목했던 것이다. "검찰사의 직분은 다만 도로와 배편 마련을 관리하는 것"이라고 했던 부검찰사 이민구의 말은 강화도를 방비하지 못한 자기들의 죄를 변명하는 것으로 읽힌다.

그런데 병자호란이 끝난 후 대사헌과 대사간이 직접 나서서 김경징을 처형하라고 주장할 때 "비록 그의 검찰하는 임무가 적을 방어하는 일과 관계는 없다 하더라도"[44]라는 말을 했다. 조정 안에서도 김경징의 임무가 어디까지인지에 대해 혼선이 있었던 것으로 보인다.

한편 《연려실기술》은 애초 김경징이 강화도 수비 책임까지 맡은 것으로 기술했다. "판윤 김경징을 도검찰사로 삼고, 부제학 이민구를 부검찰사로 삼아 강화도를 지키라고 명하였다."

인조가 김류에게 김경징이 잘 할 수 있겠느냐고 물으니 김류가 대답하기를, "경징이 다른 재능은 없으나 적을 막고 성을 지키는 일에 어찌 감히 그 마음과 힘을 다하지 않겠습니까."라고 했다고도 적었다. 김상용 순의비에도 "검찰사 김경징과 부사 이민구에게 군사(軍事)를 맡게 했다."고 나온다.

1637년(인조 15) 9월 21일, 결국 김경징은 죽임을 당했다. 사람들이 "김류는 부귀 때문에 이미 나라를 망치고 또 제 아들을 죽였다."라고 말들 했다고 한다. 자식을 키우는 이가 부모요, 자식을 망치는 이도 부모다.

병자호란 중 육지에서 패배한 장수 가운데 사형당한 이는 없다. 김경징이 상대적으로 심한 형벌을 받았다고 할 수 있다. 강화를 지키지 못한 죄에 어머니를 버리고 달아난 불효죄가 더해진 것으로 해석한 연구가 있다. 일리가 있다.

그런데 조정 여론이 줄기차게 인조를 압박해 김경징에게 죽음을 내리게 한 데는 그들 개개인의 분노가 반영된 것일 수도 있다. 조정 신하들이 남한산성에 있을 때 그들의 부모와 처자식은 대개 강화에 있었다.

그 가족 가운데 강화에서 자결하거나 죽임을 당했거나 끌려간 이들이 많았다. 항복 직후 부모님의 시신을 수습하려고 한양에서 강화도로 달려온 관료들도 적지 않았다. 청군에게 향해야 할 분노가 김경징에게 표출됐을 수 있다.

필자는 봄마다 강화읍 풍물시장에 '나무재'를 사러 간다. 정식 이름은 나문재이지만 여기서는 보통 나무재라고 부른다. 갯벌에 자라는 염생식물이다. 옆에서 젊은 아낙이 묻는다. "이거 어떻게 해서 먹어요?" 실처럼 가는 나무재를 살짝 삶아서 고추장에 묻히면 아주 맛난 반찬이 된다. 소금 넣지 않아도 간간하다.

얘가 자라면서 점점 붉은색이 강해진다. 검붉은 핏빛이다. 병자호란 때 강화 갯가에 뿌려진 피, 피. 강화 사람들은 오래도록 나무재를 '경징이풀'이라고 불렀다고 한다. 김경징에 대한 원한이 나무재에까지 스몄다.

정말 김경징은 잘못했다. 욕먹을 만하다. 필자도 옛 기록 따라 열심히 흉봤다. 그런데 옛 기록 가운데 석연치 않은 부분이 적지 않다. 청군의 침입에 대비해야 한다는 거듭된 조언을 다 무시하고 연일 주색에 빠져 지냈다던가, "내 아버지는 체찰사요, 나는 검찰사로 나라의 큰일은 우리 집안에서 다 처리한다."는 식으로 떠벌렸다던가, 세자빈과 대군 등을 완전 무시했다는 것 등이 그렇다.

세자빈이면, 예정대로라면 왕비가 될 신분이다. 그런데 김경징이 세자빈과 대군 등을 아랫사람 대하듯 했다는 게 가능했는지 모르겠다. 강화 함락 당시 김경징은 49세였다. 어린아이도 아닌데 어린아이만도 못한 처신뿐이었다는 게 좀 그렇다.

강화에서 어느 날 조익이 김경징에게 갔다. 조익은 죽고 싶은 심정이라고 하면서 자신에게 병력이 있다면 청군과 당당하게 싸울 텐데 안타깝다고 말한다. 김경징이 듣다가 슬피 울며 조익의 손을 잡고 위로했다.[45] 오히려 이런 장면이 자연스럽지 않을까. 김경징을 악평한 옛 기록에는 일정 부분 거품이 끼었을 것이다.

무엇보다도 김경징 한 사람 때문에 강화도가 함락되고 그래서 청나라에 항복하게 된 듯 몰아붙이는 것은 적절하지 않다. 이완용 하나 때문에 나라가 망한 것이 아니듯, 김경징 하나 때문에 '삼전도 굴욕'을 겪게 된 것은 아니다. 일이 잘못됐을 때 누군가에게 독박을 씌워서 돌만 던져대면 성찰의 기회를 잃는다. 그러면 또 일을 그르치게 된다.

구원일·황선신·강흥업

충청수사 강진흔이 배를 거느리고 와서 연미정을 지키고 있다. 강화유수 장신은 광성진에 있었다. 염하(강화해협)의 남과 북을 막은 셈이다. 청군이 갑곶으로 향할 참이다. 강진흔이 급히 7척 배를 몰아 갑곶 쪽으로 내려오고 장신은 올라오고 있었다. 갑곶에서 조마조마한 마음으로 청군의 움직임을 지켜보던 이들이 환호했다. 저 아래서 올라오는 장신의 전선들이 보였기 때문이다.

그런데 강진흔의 배도 장신의 배도 갑곶나루 임박해서 멈춰버렸다. 강진흔이 타고 지휘하는 배가 청군이 쏜 홍이포에 맞았다. 그래서일까. 얼어붙은 조선 수군은 전투에 나서지 않았다.

장신은 조류가 썰물로 바뀌면서 전진할 수 없었다고 하지만, 그보다는 적군의 포격에 위축된 것 같다. 장신이 슬슬 꽁무니를 빼 도망갔다. 강진흔도 그랬다. 환호는 탄식으로 바뀌고 말았다. 어느

새 갑곶에 있던 김경징도 사라졌다.

1637년(인조 15) 1월 22일 그날 강화해협, 오전 10시 30분 전후에 밀물에서 썰물로 바뀌었다. 청군은 홍이포로 조선 수군의 발을 묶어 두고 도해를 개시해 갑곶에 상륙했다.[46] 청군이 물의 흐름이 바뀌고 나서야 도해를 개시한 것은 장신의 병선이 올라오기 어려워진 상황을 이용한 것 같다.

오랑캐 장수 구왕(九王, 예친왕 도르곤)이 제영의 군사 3만을 뽑아 거느리고 삼판선(三板船) 수십 척에 실은 뒤 갑곶진에 진격하여 주둔하면서 잇따라 홍이포를 발사하니, 수군과 육군이 겁에 질려 감히 접근하지 못하였다. 적이 이 틈을 타 급히 강을 건넜는데, 장신·강진흔·김경징·이민구 등이 모두 멀리서 바라보고 도망쳤다.

장관 구원일이 장신을 베고 군사를 몰아 상륙한 뒤 결전을 벌이려 했으나 장신이 깨닫고 이를 막았으므로 구원일이 통곡하고 바다에 몸을 던져 죽었다. 중군 황선신은 수백 명의 군사를 거느리고 나룻가 뒷산에 있었는데 적을 만나 패배하여 죽었다.[47]

실록에 기록된 청군의 강화도 상륙 상황이다. 청군 규모 3만은 과장된 수치이다. 그들의 배를 삼판선이라고 칭했음을 알 수 있다. 갑곶진은 갑곶나루를 뜻한다. 강화해협을 '강'으로 표현했다. 간략하게 언급된 구원일과 황선신은 강흥업과 함께 삼충신으로 불리는 강화의 장수들이다.

강화부 천총 구원일(1582~1637)은 싸움을 회피하는 유수 장신을 먼저 베려다가 여의치 않자 자결했다. 가족에게 이미 이런 말을 남겠다. "오늘 나는 죽는다. 내가 돌아올 것을 기다리지 말라."《강도지》(1696)에 상세한 내용이 나온다.

장신이 26척의 병선을 이끌고 광성에서 조수를 타고 위로 올라와, 갑곶에서 100보 정도에 이르지 못하였을 때, 적들이 강을 건너는 것을 보고, … 구원일이 분개하여 … 말하기를, "종묘와 사직, 그리고 원손께서 모두 본부에 계시고, 온 나라 사대부들의 부모와 처자식이 또한 모두 이곳에 목숨을 맡기었거늘, 군사를 가지고도 구하지 않는다면, 나라를 팔아먹는 짓일 뿐만이 아니라, 장차 너의 어머니는 어느 곳에 모실 것이냐!" 하였다.

장신이 사람을 시켜 그를 붙잡아 장차 위협하며 죽이려고 하자, 또 말하기를, "지금 [내가] 온 것은 너를 베고자 함이었거늘, 반대로 너에게 죽임을 당하게 되었으니, [이는] 스스로 죽는 것만 못하다." 하면서, 마침내 물에 [몸을] 던져 죽고 말았다.

구원일이 장신을 꾸짖은 장소는 어디일까. 뭍인가, 바다인가. 사료마다 그 장소를 뭍이라고 기록했다. 갑곶 언덕에서 장신에게 외쳤다는 것이다. 충렬사비에도 강 언덕에서 장신을 꾸짖었다고 나온다.

그런데 그 소리를 바다에 떠 있던 장신이 제대로 들을 수 있었을까. 거리가 상당한데? 들었다고 치고 장신이 사람을 보내 구원일을 죽이려고 했다는데 그렇다면 장신의 병사들이 갑곶 근처에 상륙했다는 말일까? 땅에 있던 구원일이 바다로 들어가 자결했다는 것도 자연스럽지 않다.

말의 앞뒤가 맞으려면 구원일이 배를 몰고 장신의 배에 접근해서 꾸짖다가 배에서 뛰어내려 자결했다고 해야 할 것이다. 앞에서 인용한 실록의 "장관 구원일이 장신을 베고 군사를 몰아 상륙한 뒤 결전을 벌이려 했으나"라는 표현에서도 구원일이 배를 타고 있었음이 드러난다.

《강도지》는 장신이 병선 26척을 이끌고 갑곶으로 향했다고 했다. 그런데 부검찰사 이민구는 26척이 아니라 27척이라고 했다. 이민구도 당시 강화도 상황을 기록해서 남겼다. 자신의 비겁한 행위를 변명하는 성격이 강하지만, 현장을 목격하고 기록한 것이라 후대의《강도지》보다 조금 더 정확할 것으로 생각된다.《승정원일기》에는 이런 내용이 있다.

상이 이르기를, "유수가 70여 척이나 되는 주사를 거느리고 있었으니, 비록 적을 막아 낼 수는 없었더라도 피란 가는 사람들을 구제하였다면 많이 살릴 수 있었을 것이다. 그런데 물러나 앞바다에 있으면서 구제하지 않았으니, 이 무슨 일인가? 장신이 하는 일은 일마다 이러하다."[48]

듣고 보니 그렇다. 피란 나선 백성들이라도 배에 태워 주지. 그마저도 안 했구나. 인조는 강화유수 장신이 거느린 배가 70여 척이라고 했다. 장신이 광성에 모여 있던 그 70여 척 배 가운데 27척만 이끌고 북상했던 것으로 볼 수 있다.

이제 황선신과 강흥업을 만나 보자. 강화부 중군 황선신(1570~1637)은 유수 장신에게 싸울 준비를 해야 한다고 거듭 말했었다. 그

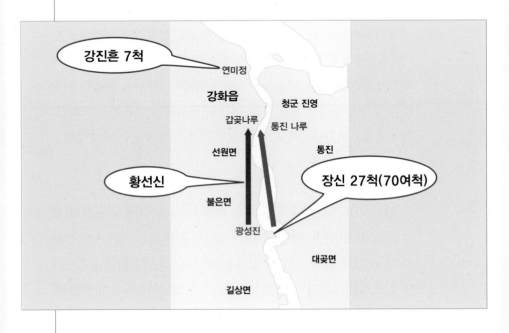

강진흔 7척

연미정

강화읍

청군 진영

갑곶나루

통진 나루

선원면

통진

황선신

불은면

장신 27척(70여척)

광성진

대곶면

길상면

강화도 함락 당시 조선수비군 현황

러자 장신은 "노장께서는 겁이 많은가 보오." 비꼬며 늙고 쇠한 병사 100여 명을 내주고 강화를 지키라고 했다.[49]

앞에서 인용한 실록 내용, 그러니까 황선신이 수백 명의 병사를 이끌고 싸웠다는 기록은 병력 규모가 부풀려진 것 같다. 이민구에 의하면, 장신이 전선 27척을 지휘해 광성진에서 북쪽으로 올라왔으며 중군 황선신은 광성진에서 육군 113명을 이끌고 갑곶으로 왔다.[50]

광성진에서 출발해 급하게 도착한 갑곶, 숨은 턱에 차고 싸울 진영도 제대로 갖추지 못했는데 어느새 청군이 닥쳤다. 황선신은 함께 있던 천총 강흥업(1575~1637)에게 말했다. "사세는 끝났습니다. 우리 병사들이 국가에 보답하는 것은 오직 한 번 죽는 것에 있습니다."

황선신은 진해루 주변에서 적을 쏘고 베며 격전을 치르다 전사하고 말았다. 강흥업은 황선신이 쓰러진 이후에도 한걸음 물러서지 않고 싸우다 그렇게 쓰러졌다.

적군인 청군이 황선신과 강흥업을 '백수장군(白首將軍)'으로 부르며 경의를 표했다고 한다. 그만큼 두 사람의 분전이 인상적이었던 것이다. 흰 백(白)에 머리 수(首), 백수, 머리카락이 온통 하얗다는 소리다. 그때 황선신은 68세, 강흥업은 63세였다. 할아버지 장수들이 조선의 자존심을 그나마 지켜준 셈이다.

140여 년 뒤인 1778년(정조 2)에 세워진 황선신 묘비 첫머리에 "강화 사람이라면 부인이나 어린이나 어부나 나무꾼이나 모두 삼충신을 잘 알고 있다."라고 나온다. 황선신·강흥업·구원일, 세 장수의 장렬한 저항과 죽음의 의미를 강화 사람들은 오래도록 가슴

贈兵曹判書姜興業

■ 황선신 사당(강화읍 대산리)

▢ 강흥업 신위(강화 충렬사)

에 새겼던 것이다.

갑곶에서 황선신과 강흥업을 제압한 청군은 지금 읍내, 그러니까 강화성으로 몰려왔다. 갑곶에서 강화성까지의 거리는 대략 4㎞. 그때 강화성을 지키려고 의병이 조직돼 있었다.

청의 선봉군이 성 밖 높은 언덕에 집결했다. 견자산 기슭이었을 것이다. 얼마 뒤 많은 청군이 도착해 성을 포위했다. 일촉즉발, 팽팽한 긴장감. 그때 청군 전령이 성 밑에 와서 대화를 요구했고 신하들이 청 진영을 오가다 결국 봉림대군이 나서게 된다.

봉림대군은 청군이 자신을 잡으려고 수를 쓰는 건지, 진실로 대화를 하자는 건지 헤아리기 어렵다고 하면서 그래도 이 위급함을 풀 수만 있다면 죽음도 두려워하지 않겠다며 성을 나갔다. 청군 진영으로 가서 노왕(虜王, 강화도 침략군 수장 도르곤)과 대화한다. 꽤 오래도록 이야기를 나눴다.

그리고 "저물녘에 대군이 노왕과 함께 나란히 말을 타고 성으로 들어갔는데, 군사들은 성 밖에 머물게 하였다."[51] 청군은 이렇게 강화성을 장악했다. 강화성이 치열한 전투 끝에 함락된 게 아니라 성안 사람들이 스스로 문을 연 것이다.

삼충사적비

빈궁을 모시고 강화에 들어온 궁녀들이 많았다. 청군이 닥치자 궁녀들은 행궁 후원 숲속에서 목매 자결했다. 1758년(영조 34)에 영조가 지시하여 그곳에 단을 설치하고 제사를 지내게 했다. 그 단의

진해루

정묘호란 때 인조는 갑곶나루에 내려 진해루로 들어왔다. 병자호란 때 황선신 등
이 이곳에서 청군을 막아 싸우다 전사했다고 한다. 오래도록 터만 전해 왔는데
2020년에 복원했다. 복원된 진해루 앞으로 강화대교가 보인다. 위 사진은 강화도
조약(1876) 당시 일본인이 찍은 것이다.

이름이 궁아제단이다. 송악산(북산) 남쪽이라고 했으니, 지금 고려 궁지 주변이었던 것 같다.

청군 침공 때 강화에서 목숨을 끊거나 잃은 이들 가운데 따로 묘를 쓰지 못한 시신을 묻어 주고 맥현제단을 설치했다. 해마다 제사를 올렸다. 강화성 서쪽 사직단 남쪽 언덕에 있었다고 한다. 맥현제단도 궁아제단도 언제인가 사라졌다.

갑곶나루 위 당현 남쪽 언덕에는 삼충단이 있었다. 황선신, 구원일, 강흥업을 모시는 제단이었는데 나중에 표충단으로 이름을 바꾸고 안몽상, 이삼 등도 함께 모셨다.[52] 역시 정확한 위치를 알수 없다. 그나마 삼충사적비가 남아 있어 다행이다.

강화전쟁박물관(갑곶돈대) 마당에 많은 비석이 모여 있는데 거기 계축년 9월에 세운 삼충사적비(三忠事蹟碑)도 와 있다. 삼충신, 즉 황선신·강흥업·구원일과 그때 함께 전사한 이들을 기리는 비이다. 비 옆면에 황대곤을 추가해 새겼다.

이 귀한 비 앞면에 어떤 몹쓸 사람이 쇠못을 두 개나 박았다. 하도 깊이 박아서 뺄 수도 없다. 섣불리 빼려다가 비석이 부서질 수 있어서. 왜 이런 짓을 했는지…. 비문을 옮긴다.

오호라. 이 갑곶나루 진해루 아래는 곧 삼충신이 죽음을 보이고 돌아간 곳이다. 죽은 날은 실로 정축년(1637) 정월 22일이었다. 슬프도다. 삼충신은 강화부 사람이었다.

중군 황선신은 분개하여 싸우다가 전사하였고, 우부천총 구원일은 칼을 쥐고 물로 뛰어들어 전사하였으며, 좌부천총 강흥업은 중군과 함께 전사하였으니, 이른바 삼충(三忠)이라 한다.

■□ 삼충사적비(강화전쟁박물관)

□■ 삼충사적비에 박힌 못

모두 함께 동시에 벼슬과 정려가 내려져 충렬사에 배향되었다. … 파총 안몽상, 이삼, 출신 서언길, 초관 이사후, 기패관 이광원, 교사 고의겸, 정병 차명세, 수군 송영춘, 철곶첨사 김득남 등이 남은 병사들을 모아 역전분투하다가 이날 함께 전사하였다.

… 마침내 여기에 단을 만들어 해마다 돌아가신 날에 제행을 올리노라. 무릇 열두 명을 돌에 새겨 거기에 세우고 그 열렬한 기상을 되새겨 본다. …

계축년 구월 어느 날

(측면)

강화부 파총 증 공조참의 황대곤을 무인년에 추배하다.[53]

삼충사적비를 세운 계축년이 1733년(영조 9)으로 설명되고 있다. 그런데 1673년(현종 14)일 가능성이 더 크다. "황대곤을 무인년에 추배"했다는 측면 글씨는 비를 세운 이후에 추가로 새긴 것이다.

황대곤을 추배한 무인년은 1698년(숙종 24)이다. 그러면 비를 세운 계축년은 1698년 이전이 되어야 한다. 그래서 1698년(숙종 24) 이전 계축년인 1673년(현종 14)에 비를 세운 것으로 보는 게 옳을 것이다.

위대한 항명이 필요했다

김경징에게만 죽임이 내려진 게 아니다. 강화유수 장신과 충청수사 강진흔도 처형됐는데 이 둘의 행위도 못내 아쉽다. 전투의 키를 쥐고 있던 건 육군이 아니라 수군이었다. 장신이나 강진흔이 조금만 의욕을 갖고 막았다면 강화도는 안전할 수 있었다고 생각한다.

수군을 총괄하는 주사대장(舟師大將)이기도 했다는 장신, 광성진에서 북쪽으로 올라와 갑곶 임박했을 때 썰물이 되면서 조수의 흐름이 남쪽으로 바뀌게 됐고, 그래서 물을 거슬러 올라올 수 없게 되자 멈춰서고 말았다고 했는데, 그것이 면죄부가 되지는 않는다. 김상용의 아들 김광한 등이 인조에게 올린 상소 중에 이런 내용이 있다.

신들이 삼가 다음과 같이 들었습니다. 강도가 함몰되던 날 신의 아비가 갑곶 건너편에 적병이 대거 이르렀다는 말을 듣고 새벽에 대군을 따라 나루터에 갔는데 형세를 살펴보니 유수 장신은 주사(舟師)를 거느리고 하류로 물러갔고 공청수사(公淸水使, 충청수사) 강진흔은 상류로 배를 옮겨 적의 배가 출발하였는데도 나루터로 오는 길목이 완전히 비어 막는 사람이 없었습니다.[54]

장신이 하류, 그러니까 광성진 쪽으로 물러갈 때 강진흔은 상류, 즉 연미정 쪽으로 물러갔다고 했다. 김광한 등이 직접 본 것이 아니라 들은 것이라고 했지만, 실제로도 이러했던 것 같다. 강진흔이 북쪽으로 후퇴했다면, 장신도 북쪽으로 더 전진할 수 있었다.

아마도 장신보다 강진흔이 갑곶나루에 가깝게 와 있었을 것이다. 갑곶나루에서 남쪽은 탁 트여 멀리 아래까지 볼 수 있다. 하지만 북쪽으로는 산이 툭 튀어나와 멀리 보이지 않는다. 갑곶나루에서 강진흔의 전선이 보였다는 것은 그만큼 근접해 있었다는 얘기다. 물 흐름도 강진흔이 장신보다 유리했다. 조금만 더 내려오면

됐다. 정말이지 싸울 수 있는 좋은 여건이었다. 그러나 포 한 방 맞고 물러나 버렸다.

나만갑(1592~1642)은 《기강도사(記江都事)》에 "강진흔은 배 7척을 거느리고 갑곶에 머물러 있다가 오랑캐와 힘껏 싸워 적선을 침몰시킨 것이 몇 척이나 되었다."[55]라고 썼다.

그러나 사실이 아닐 것이다. 나만갑은 그때 남한산성에 있었기에 강화도 상황을 보지 못했다. 들은 이야기를 정리한 것인데 그게 왜곡됐다. 강진흔을 두둔하는 마음도 있었던 것 같다.

인조는 "강진흔이 조수를 따라 내려가지 않은 죄는 실로 무거우니, 다시 잡아다 문초하여 조처하게 하라."[56]고 명했다. 강화가 함락되던 그 날 갑곶 현장에 있었던 봉림대군(효종)도 강진흔이 싸우지 않았다고 말했다.[57]

그런데 사형당한 강진흔은 억울하다고 생각했을 법하다. 장신은 자결하라는 명을 받고 목숨을 끊었고 김경징은 사약을 받았는데 강진흔은 목을 베는 참형에 처해졌다. 셋 중에 형벌이 제일 가혹했다.

어쨌든 명령을 따라 충청도에서 강화까지 왔다. 그런데 다른 지역 수사들은 오지도 않았다. 오지 않은 수사들이 강진흔보다 더 큰 죄를 범한 것이라고 할 수도 있다. 그러나 그들은 죽임을 당하지 않았다.

"양남의 주사는 안흥에 이르러 배회하며 형세가 변하는 것을 살피다가 강도가 함몰한 뒤에야 비로소 배를 움직였다." 비겁했다. 신료들이 인조에게 청했다. "전라좌수사 안몽윤과 통영우후 황익은 군사를 징발한 뒤에도 주사를 거느리고 일찍 돌아와 정박하지 않았으니, 모두 파직하소서."[58]

전라좌수사 등은 그냥 파직만 됐다. 강진흔도 오지 않았다면 사형을 면했을 것이다. 형평성을 따져볼 만한 부분이다.

우리나라 전쟁사는 대개 방어전이었다. 이기기도 하고 지기도 했다. 그런데 전력은 거의 열세였다. 우리가 승리한 전투라도 적보다 전력이 뒤지는 경우가 대부분이었다. 청군의 강화도 침공 때는 매우 드물게 우리 전력이 우세했다. 물론 수군 전력이 그러했다는 뜻이다.

우리의 전선 단 한 척이라도 갑곶으로 와서 청군의 배를 이리저리 부딪치기만 해도 청군은 물속으로 들어갔을 것이다. 게임이 안 되는 전투였다. 홍이포가 성벽을 부수는 데는 위력적이나 움직이는 배를 조준해 맞추기는 어렵다. 강진흔이 탄 배가 홍이포에 맞은 것은 거의 우연이었을 것이다.

그런데 어떻게 그렇게 모조리 도망갔나. 비겁한 장신과 강진흔은 그렇다 쳐도 수십 척 배마다 지휘 장수가 있는데 어찌 단 한 명도 위대한 항명(抗命)을 하고 전투에 임한 장수가 없었단 말인가. 구원일 같은 정신을 가진 장수가 한 명이라도 있었다면….

나만갑은 "이때 정포만호 정연과 덕포첨사 조종선이 선봉이 되었는데, 오랑캐가 처음으로 건너오자 정연이 적선 1척을 함몰시키고 장차 전진하려고 하였으나, 장신이 징을 쳐서 퇴군시키니 정연은 이에 물러나 돌아왔다."[59]라고 기록했다. 사실이라면, 땅을 칠 일이다.

우의정 조정이 아뢰기를, … 신이 주사(舟師)에 대해 익히 아는 무신에게 문의하였더니, 모두 말하기를 '판옥전함은 큰 바다에서 사용하는 것이기 때문에 강화 같은 급류에는 결코 운용하기 어렵고, 만약 몸체가 작은 병선이라면 적을 막는 데 사용할 수 있다.'고 하였습니다.[60]

광해군 때 우의정 조정이 임금에게 한 말이다. 판옥선 같은 큰 배는 좁은 강화해협에서 작전을 펼치기가 어렵다는 얘기다. 물이 빠지면 수심이 낮아져 배 바닥이 암초에 상할 수도 있다. 장신이 이 문제를 걱정해서 갑곶으로 올라오지 못했을 것이라는 견해가 있다.

그러나 당시 장신이 이끈 배들이 모두 거대한 판옥선은 아니었다. 소형 맹선(猛船) 등 작은 전투선들도 있었을 것이다. 광성진에 집결해 있던 70여 척 가운데 27척만 이끌고 왔다고 했는데 이 27척은 해상 전투가 가능한 규모의 전선들이었을 것이다.

장신이 기필코 적을 막아내겠다는 마음만 먹었다면 극복할 수 있는 문제였다. 설사 도저히 올라올 수 없는 상황이었다면 뭍에 병사들을 상륙시켜 청의 상륙군을 막아 싸웠어야 당연한 도리였다. 그러나 모두 그냥 도망갔다.

불 속에 몸을 던져

그때 김상용(1561~1637)은 강화성 남문에 있었다. 지금 강화산성 남문이 아니다. 강화산성은 숙종의 지시에 따라 강화유수 민진원이 주도해서 1711년(숙종 37)에 완공한 것이다. 그전의 강화성은 규모가 아주 작고 허술했다. 동쪽으로 성공회 강화읍성당, 서쪽으로는 성광교회 언덕을 넘어서지 않았을 것이다.

김상용이 있던 강화성 남문은 강화읍 용흥궁공원 김상용 순의비각 자리쯤이었다. 황선신을 무너트린 청군이 바로 강화성으로 덮쳐오자 김상용은 화약에 불을 붙여 자결했다. 그가 순절한 자리에 순의비가 선 것이다.

김상용의 순절 사실을 실록은 이렇게 적었다.

전 의정부 우의정 김상용이 죽었다. 난리 초기에 김상용이 상의 분부에 따라 먼저 강도에 들어갔다가 적의 형세가 이미 급박해지자 분사에 들어가 자결하려고 하였다. 인하여 성의 남문루에 올라가 앞에 화약을 장치한 뒤 좌우를 물러가게 하고 불 속에 뛰어들어 타죽었는데, 그의 손자 한 명과 노복 한 명이 따라 죽었다. 김상용의 자는 경택이고 호는 선원으로 김상헌의 형이다.[61]

김상용 곁에 있던 손자는 김수전으로 13살이었다. 김상용이 노비에게 손자를 데려가라고 했으나 손자는 할아버지 옷자락을 움켜쥐고 가지 않겠다며 울었다. "할아버지를 따라 죽겠습니다." 했다. 그렇게 할아버지와 손자가 함께 세상을 버렸다. 김상용이 "이놈, 물러가지 못할까." 엄하게 타일러 내려보냈으면 좋지 않았을까 싶다.

김상용은 한양에서 태어났다. 30세 때인 1590년(선조 23)에 과거에 급제하고 조정에 들어가 선조, 광해군, 인조를 모셨다. 1592년

선원 김선생은 김상용이다. 비석 상단에 '선원 김선생 순의비'라고 새겼다. 비각 현판도 '선원 김선생 순의비'로 되어 있다. 그런데 지정 문화재 공식 명칭은 '김상용 순절비'이다.

(선조 25) 임진왜란 때 강화 선원에 머물렀는데 이를 계기로 호를 선원(仙源)이라고 했다. 김상용이 순절할 때 동생 김상헌은 남한산성에서 척화론을 주도하고 있었다.

반정 후에 인조가 삼정승에게 병조판서를 추천하게 했을 때다. 여러 명이 추천되자 인조가 후보를 좀 압축해 보라고 했다. 이정구·이홍주·김상용으로 후보가 압축됐다. 삼정승은 후보들을 이렇게 평했다.

이정구는 경험이 풍부하나 강직하기로는 김상용에게 뒤진다, 역량은 이홍주가 낮고 공정하기로는 김상용이 낫다. 인조는 김상용을 병조판서로 선택했다.[62] 경험과 능력인가 아니면 도덕성인가? 오늘날에도 고위 관료 임명 때마다 논란이 되는 부분이다.

72세 때인 1632년(인조 10)에 우의정이 되었던 김상용은 다음 해에 우의정에서 물러난다. "우의정 김상용이 병으로 사직을 청하였는데, 29번째 이르러 상이 허락하였다."[63] 29번 만에! 스물아홉 번 물러나겠다고 한 김상용이나 그때마다 붙잡은 인조나 막상막하다.

그렇다고 김상용이 인조 편에 서서 인조의 심복으로 처신한 것은 아니다. 인조와 자주 충돌했었다. 인조는 아버지 정원군에게 왕호를 올리려고 했다. 이를 추숭(追崇)이라고 한다. 대개 신하들이 반대했다. 김상용도 강하게 반대했다. 명분도 없고 원칙도 없는 밀어붙이기 추숭이었기 때문이다.

인조는 자신의 아버지를 왕으로 올려 자신의 취약한 정통성을 보완하려고 했다. 결국 인조의 뜻대로 되기는 했다. 정원군은 추존왕 원종이 되었다(1632).

원종과 인헌왕후를 모신 왕릉이 김포 장릉(章陵)이다. 정묘호란

김포 장릉
인조의 아버지인 추존왕 원종과 왕비 인헌왕후 구씨를 모신 왕릉이다.

때 인조가 강화로 오가면서 들렀던 어머니 묘 육경원에 아버지 정원군의 묘를 이장해 함께 모신 후 장릉으로 올린 것이다.

인조는 김상용이 우의정에서 물러난 바로 다음 날에 새로운 벼슬을 내린다. 판돈녕부사. 그러더니 1634년(인조 12) 9월 11일에 다시 우의정으로 임명한다. 그때 김상용 나이 74세였다.

어느 날 우의정 김상용이 인조에게 글을 올렸다. 신하들의 직언을 못 들은 척하고 직언한 신하에게 다른 죄를 씌워서 좌천시키고 파직까지 하는 인조의 처사를 비판하는 내용이었다.

그 글의 마지막은 이러했다. "바라건대 자신을 통렬히 꾸짖으시어 뉘우치는 뜻을 분명히 보이소서." 에두르지 않는다. 그야말로 돌직구다. 인조의 답변은 이러했다. "유념하겠다."[64]

인조가 사실상의 사과를 한 것은 군권(君權)이 약하고 신권(臣權)이 강해서만이 아니다. 김상용의 직언이 결국은 임금을 위하고 백성을 위하는 간곡한 충언임을 알아서이다.

높은 벼슬을 두루 거쳐 왔지만, 김상용의 집은 넉넉하지 않았다. 마음만 먹었다면 권력을 이용해 얼마든지 부(富)를 불릴 수 있었다. 그러나 김상용은 그러지 않았다. 경제적으로 '무능'했지만, 그만큼 맑았고 깨끗했고 그래서 당당할 수 있었다. 인조가 모를 리 없었다.[65]

1635년(인조 13) 6월 12일, 김상용은 우의정에서 물러난다. 일곱 번 사직원을 올린 끝에 겨우 인조의 허락을 받았다.

고려궁지 가는 길목, 아담한 비각, 그 안에 김상용 순의비 두 기가 모셔져 있다. 비각 뒤로 용흥궁 공원, 성공회 강화읍성당, 용흥궁이다.

강화산성 남문

강화산성은 숙종 때인 1711년에 완공됐다. 1637년 정축년, 강화가 청군에게 함락될 그때는 없었다. 그때는 지금 강화산성보다 아주 작은 강화부성이 있었다. 그러니까 이 남문은 김상용 순절과는 무관한 문화재이다. 강화산성은 강화 남산, 견자산, 북산을 빙 둘러 조영됐다. 전체 길이는 대략 7㎞이고 동문, 서문, 남문, 북문이 모두 있다.

비각 앞에서 보아 첫 번째 작은 비가 1700년(숙종 26)에 세운 원래의 순의비이다. 세월이 흐르며 비문이 닳아서 읽을 수 없게 되자 거의 같은 내용의 새 비를 1817년(순조 17)에 세웠다. 두 번째 커다란 비가 그때 새로 제작한 순의비이다.

병자호란의 경과, 강화도 상황, 순절 과정 등을 구체적으로 기록했다. 비문 마지막에 순의비를 세우게 된 연유를 밝혔다. 왜 비를 세웠는지, 《강화금석문집》에 실린 번역문을 조금 더 읽기 편하게 풀어서 옮긴다.

충의(忠義)는 사람들에게 깊은 감동을 준다. 정축년(1637)에서 지금까지 60여 년, 당시의 노인들은 다 세상을 떠났건만, 사람들은 아직도 이 남문을 기리면서 모공(某公)이 여기서 죽었노라, 그때의 일을 어제의 일처럼 왕왕 이야기한다.

강화부에 오는 사대부들은 반드시 먼저 남문이 어디냐고 묻고는 와서 탄식하며 떠날 줄을 모른다. … 유적을 표시하여 사람들이 더 많이 살펴보도록 해서 후세에도 오래도록 잊지 않게 할 수 있다면 비석이 어찌 없을 수 있겠는가?

송해수·정명수·김자점

사람은 로봇이 아니다. 이런 사람, 저런 사람, 다 있다. 선택도 결정도 다르다. 사실, 한 사람 마음 안에 '이런 사람', '저런 사람' 다 있다. 그러므로 어떤 선택과 결정을 하느냐가 중요하다.

역사 속에서 많은 인물을 만나게 된다. 이름 석 자 유명한 인물도 있고 이름 모를 민초들도 있다. 누군가를 본받고 싶다는 생각이 들었다면 그게 공부다. 저런 인간은 본받지 말자, 저렇게 살지는 않으리다, 마음이 움직였다면 그것도 역시 공부다.

다 선이 될 수 없고 다 악이 될 수도 없다. 전쟁을 겪는 상황에서 어떤 이는 싸우고 어떤 이는 도망하고 어떤 이는 항복한다. 항복하고 고개 숙인 채 사는 이가 있고 오히려 고개 빳빳이 들고 적의 앞잡이가 되는 사람이 있다.

정묘호란 때다. 평양성이 후금군에게 함락되자 일단의 백성 무리가 성안을 약탈하고 다녔다. 후금군이 물러가게 되자 그들은 후금 편이 되어 따라나섰다. 그냥 있다가는 약탈한 죄로 처벌받게 될 것 같아서 나라를 버린 것이다.[66] 세상에는 이런 사람들도 얼마든지 있다.

김상용이 순절할 때 노비도 함께 죽었다고 했다. 살 마음만 먹었다면 살 수 있었다. 그런데 목숨을 버렸다. 주인을 위한 의리였을까, 아니면 김상용 같은 마음에서였을까.

송해수라는 이가 있었다. 병자호란 그때, 강화성에서 자결했다. 송해수도 어느 집 노비였다. "내가 비록 천인이기는 하나 견양(犬羊, 청군)에게는 무릎을 꿇을 수 없다." 하고 목을 맸다.[67] 노비 이국화 역시 스스로 목숨을 버렸다. 이 밖에도 자결을 택한 노비들이 적지 않았다.

노비로 태어나 권리 없는 의무만 가득 지고 살아가던 이들의 순절의 의미, 곱씹어 볼 필요가 있다. 김상용들에게 조선이 지켜야 할 나라였고 자존심이었듯, 노비에게도 조선은 지켜야 할 우리나라였고 자존심이었다.

정명수라는 노비가 있었다. 평안도 은산의 관노였는데 후금군에게 끌려갔다. 거기 후금에서 그들 말을 익혀 역관이 되었다. 후금 사신의 통역으로 조선에 오곤 했고 병자호란 때도 역시 왔다. 나중에는 청나라의 정식 사신이 되어 조선에 왔다.

와서 못된 짓을 참 많이도 했지만, 조선 조정은 그저 슬슬 기며 비위를 맞출 뿐이었다. 영의정 등이 직접 찾아가 만나야 할 만큼 노비였던 정명수의 기세가 드높았다.

1633년(인조 11)에 후금 사신 통역으로 왔을 때다. "정명수는 은산현의 하인인데, 평산현감 홍집이 일찍이 은산현감으로 있을 때 정명수에게 곤장을 쳐 벌을 준 혐의가 있었기 때문에 관아에 갑작스레 뛰어들어 그에게 심한 모욕을 자행"[68]했다.

은산의 관노였을 때 정명수는 현감에게 곤장을 맞았다. 아마도 억울하게 벌을 받은 모양이다. 그때 그 현감이 평산현감으로 와 있는 거다. '갚아 주마' 정명수는 평산 관아로 들이닥쳐 맘껏 행패를 부렸다. 1639년(인조 17)에는 청나라의 역관으로 와서 자신의 방기(房妓)를 제지했다고 함부로 조선 병조좌랑 변호길을 끌어다 몽둥이질을 해댔다.[69] 조선 조정은 눈만 껌뻑했다.

1640년(인조 18), 인조는 김자점(1588~1651)을 강화유수로 삼았다. 사관은 강화유수에 김자점이 임명됐다고 기록하고 이에 대한 논평을 달았다.

사신은 논한다. 국가가 시들시들해져 기운을 못 차리고 적을 만나면 반드시 패하고 마는 까닭은 실로 기율이 엄하지 못하기 때문이다. 가령 지난날 군법이 제대로 행해졌다면 자점이 어찌 목숨을 부지할 수 있었겠는가.

국론이 자자하여 그 당시의 형벌이 마땅함을 잃었다고 여전히 통탄하고 있는데, 지금 몇 년이 지나자 버렸던 인물을 다시 기용하여 강도(江都)의 중임을 맡겼으니, 장차 어떻게 인심을 복종시키고 외적을 방비할 것인가.[70]

"지난날 군법이 제대로 행해졌다면 자점이 어찌 목숨을 부지할 수 있었겠는가?" 병자호란 당시 김자점은 도원수 직책으로 청군을 막는 총책임자였다. 무능력했고 무기력했다. 인조는 김경징 등에게는 죽임을 명했으나 김자점은 유배 보내는 정도로 그쳤었다.

그리고는 다시 김자점을 강화유수라는 막중한 자리에 앉힌 것이다. 사관은 김자점에게는 사형이 마땅했다며 그를 강화유수로 삼은 인조를 간접적으로 비판했다.

인조가 특지를 내려 김자점을 병조판서로 임명했을 때는 정언 하진이 피 끓는 상소를 올려 인조의 그릇된 인사를 지적했다. 하진은 말했다. "자점처럼 중대한 죄를 진 자를 높여 총애하고 중책을 맡겼으니, 죽은 자가 지각이 있다면 장신과 김경징의 혼령이 반드시 지하에서 통곡할 것입니다."[71]

김자점은 반정 참여를 계기로 인조 조정에서 권력을 휘두르며 호사를 누렸다. 인조의 총애를 받고 영의정까지 올랐다. 그러다 인조가 죽고 효종이 즉위하면서 날개가 꺾이고 귀양 갔다. 유배지에서 김자점은 어떤 짓을 했을까.

청나라에 몰래 연락했다. "저기요, 새 임금이 청나라를 치려고 해요. 청나라 연호도 안 쓰고 있어요. ” 일러바쳤다. 그래서 나라에 큰 소동을 일으켰다. 다시 말하는데, 그는 몇 년 전 병자호란 때 청군과 싸우는 조선군 총사령관이었다.

노비 송해수, 이국화 등은 자결로써 청에 저항했다. 평생 따뜻한 손길 한번 주지 않던 나라 조선. 그래도 조선은 내 나라였다. 정명수의 나라는 청나라였다. 그러면 김자점의 나라는 어디일까?

청군의 만행

김경징의 아들 김진표는 제 할미와 어미를 협박하여 스스로 죽게 하였다.[72]

이게 무슨 소리인가. 실록 기록이니 무조건 거짓이라고 단정하기도 어렵다. 한번 따져 보자.

김경징이 늙은 어머니와 제 아내를 강화 땅에 두고 도망갔다. 자식에게 버려진 김경징의 어머니 유씨가 자결했다. 김경징의 아내 박씨, 며느리 정씨도 함께 목숨을 버렸다. 여기서 끝이 아니었다. 김류(김경징의 아버지)의 첩 신씨, 김경징의 첩 권씨도 따라 죽었다. 한 집안 여인 3대, 다섯 사람이 모두 목을 맨 것이다.

그런데 김경징 아들 김진표가 제 할머니에게, 제 어머니에게 “어서 목매세요, 죽으세요. ” 했다는 거다. 제 아버지의 과오를 조금이나마 덮어 보려고 여인들의 희생을 강요한 것이다. 아무리 인간말종이라도 그랬을 것 같지 않다. 믿어야 할지, 모르겠다.

나만갑은 약간 다르게 적었다. "김진표는 그의 아내를 독촉하여 자결하게 했고, 김류의 부인과 김경징의 아내는 그 며느리가 죽는 것을 보고 뒤따라 자결하였다."

김진표가 제 아내에게만 자결을 독촉했다고 했다. 그건 괜찮은 건가? 아내에게 자결하라고 강요했다면 자신도 함께 자결해야 마땅했다.

한편 김노진은 《강화부지》에 김진표의 강요로 김경징 집안 여인들이 자결한 게 아니라고 썼다.

인심이 경징에 대한 분노가 쌓여서 아울러 그 모친과 아내의 명확한 절개까지 아울러 깎아 없애려고 한 것이다. … 정씨(김경징의 며느리)는 백창의 딸인데, … 남에게 닦달을 받아 죽을 사람은 아니다. 내가 그래서 특별히 분별하는 바이다.[73]

김경징의 어머니 유씨와 관련된 이야기가 전한다. 병자호란 얼마 전 높은 댁 여인들이 어느 집에 모였다. 서로 시국을 논하다가 만약 오랑캐가 쳐들어와서 해코지하면 어떻게 하냐고 서로 물었다.

이민구의 아내가 생각할 게 뭐 있나, 당연히 자결해야지, 이런 식으로 말했다고 한다. 그러자 유씨가 "말은 쉽게 하는 것이 아닐세." 하였다. 강화도가 점령당하자 유씨는 자결했고 이민구의 처는 그렇게 하지 않았다.

강화 고려산에 적석사라는 절집이 있다. 삼국시대 적련사에서 비롯된 역사 오랜 사찰이다. 입구에 1714년(숙종 40)에 세운 적석사비(積石寺碑)가 있다. 비문 중에 "병자호란 때 … 오랑캐가 절에 이르

고려산 적석사비

러 또한 머리 숙여 예배하고 또 스님을 위하여 패를 만들어 병란을 모면하였으니 이 절이 끝내 폐허 되지 않고 지금까지 전해 내려왔다."라는 내용이 있다.

어떤 사연인지 알 수 없으나 당시 청군의 모습으로는 이례적이다. 이때 적석사에 정명공주가 피난해 있었다. 정명공주는 영창대군의 친누나다. 광해군이 인목대비를 내칠 때 정명공주도 폐서인(廢庶人)이 되었는데 인조가 즉위하면서 복권됐다. 정명공주는 적석사에서 무사했다. 이후 적석사에 정명공주의 화상을 안치했었다고 한다.

강화도를 점령한 청군의 만행이 무지막지했다. 주로 몽골 병사들이 그랬다. 청군이 강화도에서 남한산성 쪽으로 떠나면서 몽골병들을 남겨 두고 갔다.

이튿날 노왕이 도로 강을 건너갔는데, 몽병이 난을 일으켜[蒙兵作亂] 거의 남김없이 불 지르고 파헤치며 살해하고 약탈하였다.[74]

강화성을 장악한 노왕(도르곤)은 "군병을 단속하여 살육을 못 하게 하였으며, 제진(諸陣)으로 하여금 사로잡힌 사녀(士女)를 되돌려 보내도록" 했다. 그런데 그가 강화를 떠나자마자 몽골병이 난을 일으켰다.

난을 일으켰다는 것은, 무슨 반란의 개념이라기보다는 소란이나 항의 시위 정도의 의미에 가깝다. 약탈하지 말라는 청군 지휘부의 명을 거부했다는 의미일 것이다. 가정해 보자면, 전투 참여에 대한 대가로 강화에서의 약탈권을 요구했을 수 있다.

몽골병들은 강화도 전역을 누볐다. 저 멀리 마니산까지 가서 약탈, 납치, 방화, 살인, 겁탈을 마구 해댔다. 당시에는 마니산이 강화 본섬과 떨어진 별도의 섬, 고가도였다. 물이 빠진 뒤에는 걸어서 들어갈 수 있었을지 모르나 여간 번거로운 일이 아니다. 그곳까지 기어이 간 몽골병, 참으로 지독했다.

끌려가는 사람들과 말, 소가 길을 가득 메웠다. 끌려감을 면한 노인들은 알몸이 되었다. 그 추위에 옷을 빼앗긴 것이다. "다니는 길마다 눈 속에 버려진 어린아이들이 가득했으며, 죽은 아이는 서로 베고 누워 있고, 산 아이는 기어 다니며 혹은 죽은 어미의 젖을 빨기도 하고, 혹은 어미를 부르고 할아버지를 부르며 구르다 다시 쓰러지니, 차마 똑바로 바라볼 수 없었다."[75] 강화도는 생지옥이었다.

여자이기 때문에

생지옥 불구덩이 속에서 특히 고통을 겪은 것은 여인들이었다. 처절하고 참혹했다. 수많은 여인이 자결했다. 스스로 목을 매고, 목을 찌르고, 불에 뛰어들고, 절벽에서 뛰어내리고, 바다에 뛰어들었다.

200여 년 뒤, 신미양요(1871) 때 강화 바다는 핏빛으로 물든다. 미군에 끝까지 저항하다 전사한 조선군, 격전 끝에 자결을 택한 조선군, 그들의 시신이 바다에 가득했다. 병자호란 그때 강화 바다엔 무수히 '꽃'이 피어 흘렀다. 물로 뛰어든 여인들의 머릿수건이 둥둥 떠 흐른 것이다.

강화성이 함락되면 자결하리라 미리 작정하고 있던 어느 사대부의 아내는 계집종에게 단단히 일렀다. "내가 죽으면 내 몸을 즉시 불태워 오랑캐가 내 시신을 가까이하지 못하게 하라." 결국 여인은 자결했다.

구창구. 강화 사람이다. 병이 깊어 전신불수 상태였다. 손가락 하나 까딱할 수 없는 처지다. 청군이 들이닥쳤다. 아내 김씨는 멀리 피난 갈 수 없자 집안에 굴을 파고 남편을 옮겨 함께 숨었다. 그러나 발각되고 말았다.

청군이 남편 구창구를 끌어내 죽이려고 할 때 남편 몸에 엎드려 끌어안고, 남편만은 살려 달라고 빌고 또 빌었다. 청군은 남편을 죽이지 않고 대신에 아내를 끌어갔다. 순순히 끌려가던 아내 김씨는 집이 한참 멀어지자 청군을 욕하여 꾸짖더니 어느 다리에선가 투신해서 목숨을 버렸다.[76] 남편 목숨 구해 놓고 그렇게 세상을 떠났다.

어느 청나라 장수가 이렇게 말했다고 한다. "조선에 절개를 지키는 부녀가 많은 것이 중국(명나라) 여자가 음란한 것과 비교할 바가 아니다."

조선의 여인들이 강화 땅에서 수없이 죽음을 택한 것은 정절을 지키기 위함이었다. 정절만 잃고 목숨을 잃지 않았을 때 자신과 집안에 쏟아질 손가락질이 두렵기도 했을 것이다.

정절은 중요하다. 그런데 그녀들이 목숨을 버린 것은 몸을 더럽히지 않으려는 이유 그 하나 때문만이 아니었다. 김상용과 같은 심정으로 세상을 버린 경우도 적지 않았을 것이다. 남자는 충절, 여자는 정절, 이렇게 무 자르듯 구분하는 것이 적절한 것인지 생각해

볼 필요가 있다. 어찌 충절이 남자의 전유물인가.

그래도, 그래도 찬양만 하고 싶지는 않다. 특히 정절을 지키려는 자결이라면 더 그렇다. 그녀들은 몸을 더럽히느니 기꺼이 죽어야 한다고 어릴 때부터 교육받았다. 그래야 가문이 산다고 배웠다. 외간 남자 손만 잡아도 순결을 잃은 것으로 간주되었다.

사실상 죽음을 권하는 사회, 그것도 여인에게만! 건강한 사회가 아니다. 남자들은 본부인 외에 첩을 두었고 기생, 노비 등과도 '떳떳하게' 관계했다.

임진왜란 의병장으로 이름 높은 조헌이 명나라에 사신으로 갈 때였다. 평안도 어느 길가에서 한 여인과 눈이 마주쳤다. 무심히 바라보던 조헌은 깜짝 놀랐다. "아니, 아니, 자네는?" 몇 년 전 운우지정을 나누었던 기생이었다. 반가웠을 것이다. 그런데 기생이 혼자가 아니었다. 꼬마 아이 손을 잡고 있었다. 누굴까? 혹시?

그랬다. 조헌의 아들이었다. 며칠 후 조헌은 붓을 들어 적었다. "아! 슬프다! 군자가 마땅히 멀리해야 할 것이 기생인데 처음에 조심하지 못했으니 자식들은 본받아서는 안 된다." 이 정도 상식적인 마음을 가진 조선 남자는 많지 않았을 것이다.

단 며칠 새 너무도 많은 이가, 특히 여인들이 목숨 버린 땅이 강화 섬 말고 또 있던가. 근 400년 전 그때 생을 마감해버린 여인들, 아직도 하늘로 가지 못하고 구천을 떠도는 혼령이 있지는 않을까. 그럴 수도 있겠다. 얼마나 사무치는 한(恨)인가. 그이들을 위해 강화 땅 한구석에서 마음의 향 한 자루 올린다.

수많은 여인이 청군에게 끌려갔다. 남자들이 잘못해서 침략을 받고, 여인들이 그 피해를 몇 곱으로 받는 고통이 역사에서 반복됐

병자호란

다. 일제강점기 일본군 '위안부'에 이르기까지 말이다. 남자들은 자신들의 잘못을 덮어 두고 겁탈당한 여인들만 욕해댔다.

여인은 여인이기에 죄인이 되어야 했다. 청나라에 끌려갔던 여인들이 몇 년 후 돌아왔을 때 남편들은 그녀들을 야멸차게 버렸다. 인조가, 그러지 말라고, 여인들이 정절을 버린 것이 아니니 받아들이라고 했으나 남편들은 왕명도 듣지 않았다. 다음 사료는 당시 남자들의 일반적인 인식이다.

사신(史臣)은 논한다. 충신은 두 임금을 섬기지 않고 열녀는 두 남편을 섬기지 않으니, … 사로잡혀 갔던 부녀들은, 비록 그녀들의 본심은 아니었다고 하더라도 변을 만나 죽지 않았으니, 절의를 잃지 않았다고 할 수 있겠는가.

이미 절개를 잃었으면 남편의 집과는 의리가 끊어진 것이니, 억지로 다시 합하게 해서 사대부의 가풍을 더럽힐 수는 절대로 없는 것이다. 최명길은 비뚤어진 견해를 가지고 … 잘못됨이 심하다. … 선정(先正, 선현)이 말하기를 "절의를 잃은 사람과 짝이 되면 이는 자신도 절의를 잃는 것이다." 하였다.[77]

"절개를 잃었으면 남편의 집과는 의리가 끊어진 것이니, 억지로 다시 합하게 해서 사대부의 가풍을 더럽힐 수는 절대로 없는 것이다." 대단하다. 그런데 사관은 왜 최명길을 비판했을까.

신이 심양의 관사에 있을 때, 한 처녀를 값을 정하고 속(贖)하려고 하였는데, 청나라 사람이 뒤에 약속을 위배하고 값을 더 요구하

최명길 묘비(충북 청주)

자 그 처녀가 돌아갈 수 없음을 알고 칼로 자신의 목을 찔러 죽고 말았습니다. 이에 끝내는 그녀의 시체를 사서 돌아왔습니다.[78]

최명길이 청나라에 갔을 때 어떤 처녀를 구해오려고 했는데 속환가를 너무 올리는 바람에 그러지 못했다. 낙담한 처녀가 자결했다. 여기서 멈췄어도 최명길은 이미 훌륭했다. 그런데 최명길은 처녀의 시신 값을 치르고 거두어 와 고국 땅에 묻힐 수 있게 했다. 아마도 생면부지의 처녀였을 것이다.

최명길은 청에서 돌아온 여인들을 내치지 말고 따뜻하게 품어야 한다고 외쳤다. 예(禮)만큼 사람의 정(情)도 소중한 법이니 여인들을 죄인으로 몰아 이혼하게 해서는 안 된다고 했다. 사관은 이를 오랜 풍속을 무너뜨리는 몹시 잘못된 것이라며 비판했던 것이다.

충렬사

강화도에서 정묘호란과 연결되는 대표적인 문화재가 연미정이다. 그러면 병자호란을 말할 수 있는 중요 문화재는 무엇일까. 선원면에 있는 충렬사다. 그때 그 정신을 오롯이 간직한 역사 공간이다.

건물 규모가 크지는 않아도 어떤 기상 같은 것이 느껴진다. 다음 글은 실록에 실린 김상용에 대한 평을 발췌한 것이다.

사람됨이 중후하고 근신했으며, 해야 할 일을 만나면 임금이 싫어해도 극언하였고, 항상 몸을 단속하여 물러날 것을 생각하며 한

충렬사

결같이 바른 지조를 지켰으니, 한 시대의 모범이 되기에 충분하였다. 그러다가 국가가 위망에 처하자 먼저 의리를 위하여 목숨을 바쳤으므로 강도의 인사들이 그의 충렬에 감복하여 사우를 세워 제사를 지냈다.[79]

강도의 인사들이 세운 사우(祠宇)가 바로 충렬사다. 강화에서 순절한 김상용을 비롯해 7명을 모신 사우로 출발했다. 1642년(인조 20)에 세웠는데 처음 이름은 현렬사였다. 1658년(효종 9)에 사액 되면서 충렬사(忠烈祠)가 되었다.

이후 오랜 세월 흘러오며 배향 인물이 점점 늘어났다. 물론 병자호란과 관련된 분들이다. 그렇게 27명을 모셔오다가 1975년부터 어재연과 어재순을 함께 모셨다. 어재연·어재순 형제는 신미양요(1871) 때 강화 광성보에서 전사했다. 그러니까 지금 충렬사에는 29명이 모셔진 것이다.

배향된 29명은 김상용, 이상길, 심현, 이시직, 윤계, 송시영, 구원일, 황선신, 윤전, 권순장, 김익겸, 홍명형, 강흥업, 이돈오, 홍익한, 황일호, 윤집, 민성, 김수남, 이돈서, 안몽상, 전기업, 이삼, 김득남, 강위빙, 황대곤, 차명세, 어재연, 어재순이다.

사우는 서원과 성격이 비슷하다. 서원은 교육과 선현에 대한 제사 기능을 함께하는데 그래도 교육을 더 중시한다. 사우는 교육보다 제사 기능에 무게를 둔다. 사우 중에 순수한 사당 기능만 한 곳이 있고 교육 기능을 병행한 곳도 있다. 강화 충렬사에는 학습 공간인 동재와 서재가 있었다. 제사와 교육을 함께한 것이다.

서원은 주로 학문이나 도덕적으로 모범이 되는 인물을 모시고,

김상용 묘(경기 남양주)

사우는 전쟁이나 반란 때 공을 세우거나 절의를 지킨, 그러니까 충절의 표상이 되는 인물을 모신다.

충렬사가 1658년(효종 9)에 사액(賜額)됐다고 했다. 사(賜)는 임금이 하사, 즉 내려 준다는 뜻이고, 액(額)은 액자, 현판 같은 걸 말한다. 서원(사우) 이름을 쓴 현판을 나라에서 내려 주는 것이 '사액'이다. 사액서원(사우)이 됐다는 것은 나라에서 공인했다는 의미이다. 사액되면 나라로부터 노비와 책도 받는다.

사우는 서원보다 격이 약간 낮은 것으로 본다. 그런데 조선 후기에 이르면 서원과 사우를 구분하기 어려워진다. 그게 그거로 인식되었다. 다만 사액을 받았는가, 받지 못했는가의 차이는 컸다. 사우가 사액 받는 경우는 많지 않았다.

대개 사우는 사묘적(私廟的) 성격이 강하다. 사우를 운영하고 관리하는 주체도 모셔진 인물의 후손들, 그러니까 문중 중심이었다. 그런데 충렬사는 성격이 독특하다.

임금이 직접 사람을 보내 제사를 모셨다. 추가 배향되는 인물을 임금이 결정했다. 신하나 후손들이 어떤 인물을 충렬사에 모시게 해달라고 청하면 임금은 때에 따라 승낙하기도 하고 거부하기도 했다. 계속 거부되다가 새 임금에 의해 허락되는 경우도 있었다.

대원군의 '서원 철폐'로 전국 수많은 서원과 사우가 사라졌다. 딱 47개만 살아남았다. 그때 철폐되지 않고 보존된 전국 47개 서원 명단 속에, 강화 충렬사가 있다.

충렬사 마당에 1701년(숙종 27)에 세운 '강화 충렬사비'가 있다. 비각 안에 모셨다. 병자호란의 경과와 김상용, 이상길, 심현 등 순절한 인물 그리고 황선신을 비롯한 삼충신의 행적을 새겼다. 비문

충렬사 성취당 현판

에 이런 내용이 나온다.

사대부들이 평소에는 도리를 말하여 참으로 사생(死生)과 의리를 구분할 줄 아는 것 같다가도 하루아침에 큰 난리를 만나면, 나라를 배반하고 살길을 엿보며 몸을 욕되게 하고 이름을 망하게 하지 않을 수 있는 이는 극히 드물다.

김상용이 살던 마을에 세워진 충렬사, 아침 해 받아 생동하는 동향으로 앉았다. 정문인 외삼문은 거의 잠겨 있다. 왼편 쪽문으로 들어서면 바로 우뚝한 비각, 그리고 볕 좋은 마당, 마당 좌우에 위치상 동재·서재라고 하면 어울릴 것 같은 정갈한 건물 두 채(하지만, 수직방과 전사청으로 말해진다).

성취당(成取堂)이라고 새긴 현판이 걸렸다. 성취당이라, 강학공간 아니었을까 싶다. 자세히 보니 성취당 현판 뒤로 여러 개의 기문이 달렸다. 충렬사 황일호 추배기(1796), 충렬사 중수기(1866) 등이다. 기문 쓴 연대를 '숭정 기원후 삼병진(崇禎紀元後 三丙辰)'식으로 복잡하게 표기했다. 숭정 기원후 세 번째 병진년이라는 뜻이다.

조선시대에는 명나라 연호로 연대를 표기했다. 병자호란 이후에는 청의 연호를 써야 했고 공식적으로 그렇게 했다.《승정원일기》에 따르면, 1637년(인조 15) 2월 24일부로 나라의 모든 문서에 청나라를 노(虜, 오랑캐)나 적(賊)으로 칭하지 말고 대청(大淸)으로 쓰도록 했으며 2월 25일부로 명나라 연호 숭정(崇禎) 대신 청나라 연호 숭덕(崇德)을 쓰게 했다.

그렇지만 전국적으로 공공연하게 명의 연호도 계속 사용했다.

응? 망해버린 명나라에 연호가 어딨어? '숭정'을 그대로 썼다. 숭정은 명나라 마지막 황제 의종이 1628년부터 1644년까지 사용했던 연호이다. 그러니까 명의 마지막 연호가 숭정이다. '숭정기원후 삼병진'은 숭정이란 연호를 쓰기 시작한 1628년 이후 세 번째 병진년이라는 뜻이다.

그해가 1796년(정조 20)이다. 1796년 그때는 청나라 연호로 쓰면 가경(嘉慶) 1년이다. '가경 1년'을 거부하고 '숭정 기원후 삼병진'이라고 기록한 것이다. '가경'은 충렬사 그 낮은 담장도 넘어올 수 없었다.

이제 높다란 계단 올라 내삼문 안으로 들어간다. 새삼스레 둥근 문고리를 만져보고 두드려도 본다. 김연광 때문이다. 김연광, 그는 강화 양도에 살던 가난한 대장장이다. 1876년(고종 13) 충렬사 중수 때 건물에 들어가는 각종 쇠붙이를 만들었다.

일이 끝나서 품삯을 주려는데 받지 않았다. 받으라, 받으라 강권해도 끝내 받지 않았다. 그는 이렇게 말했다. "충렬사의 역에 어찌 공사의 품삯을 받겠습니까."[80]

내삼문 들어서면 '忠烈祠'라는 현판 걸린 사당이다. 사당 안 중앙에 김상용, 좌우로 각각 열넷, 그래서 모두 스물아홉 분의 위패가 모셔져 있다. 뵙고 나오며 보니 사당 건물이 담 뒤에 서 있는 키큰 소나무와 묘하게 어울린다.

충렬사 사람들

애초에 충렬사 배향 대상은 병자호란 때 강화 땅에서 순절한 이로 한정했던 것 같다. 물론, 이후에는 강화 밖에서 순절한 이도 포함하게 된다. 처음 배향된 7인 가운데 예외적인 인물이 있다. 윤계(1603~1636)다.

그는 병자호란 때 남양부사였다. 남양은 지금의 경기도 화성 지역이다. 거기 화성에서 남한산성 근왕병을 모집하다가 기습해 온 청군에게 죽임을 당했다. 대부도에 가매장되었다가 이후 김포 선영으로 옮겨 모셔졌다. 34세에 세상을 떠난 윤계의 시장(諡狀, 임금에게 시호를 내려 주길 요청하는 글)에 그의 마지막 모습이 이렇게 적혀 있다.

오랑캐가 붙잡아서 무릎을 꿇으라고 협박하자 공(윤계)이 꾸짖으면서 "목을 자를 수는 있어도 무릎을 꿇을 수는 없다."라고 하였다. 또 회유하여 데리고 가려고 하자 다시 꾸짖어 말하기를 "죽어도 너희들을 따르지 않겠다. 빨리 나를 죽여라."라고 하였다.

오랑캐가 더욱 화가 나서 병장기로 마구 내리쳐서 몸에 온전한 곳이 없었다. 공이 죽음에 임해서도 입으로 꾸짖기를 그치지 않자 오랑캐가 다시 뺨을 도려내고 혀를 잘랐다.

뺨을 도려내고 혀를 잘랐다….

윤계는 삼학사의 한 명인 윤집의 형이다. 정묘호란 당시 시행된 강화정시에서 정유성과 함께 급제했던 그 윤계이다. 강화에 연고가 있는 인물이라, 강화 밖에서 죽었어도, 충렬사에 배향된 것 같다.

■ 운계 묘(경기 김포)

□ 운집 묘(충남 부여)

김익겸(1615~1637)은 김상용과 함께 남문에서 순절했다. 김상용이 만류했으나 기꺼이 불을 받았다. 김익겸의 어머니는 아들과 함께 강화에 피난해와 있었다. 자결하기 전에 아들을 보고 싶었다. "아들아, 마지막으로 얼굴 한번 보자꾸나." 연락을 넣었다.

아들은 가지 않았다. 울면서 말했다. "내가 어머니 자결하시는 걸 어떻게 본단 말인가." 그리고는 불 속에 몸을 던졌다.

한 노인이 막 숨이 끊어진 송시영의 시신을 끌어안고 통곡한다. 손수 땅을 파 무덤을 만들고 송시영을 뉘었다. 그런데 노인이 판 구덩이가 두 개였다. 한 자리는 자신이 누울 공간이었다. 노인이 옆에 있던 노비에게 말했다. "여기에 나를 묻거라." 노비가 울며 만류하자 노인은 "오늘 죽는 것이 영광이다." 하였다. 그리고는 활줄에 목을 매 자결했다.

이렇게 강화 땅에서 목숨을 버린 노인이 이시직(1572~1637)이다. 이괄의 반란 때 공주까지 인조를 호종했고 정묘호란 때도 인조를 호종해 강화에 왔던 이시직, 병자호란에는 남한산성에 들지 못하고 강화에 왔다가 이렇게 마지막을 맞았다.

민성(1586~1637)은 통진 사람인데 병자호란 때 가족과 함께 강화에 들어왔다가 강화도가 함락되자 자결했다. 달아날 것을 권하는 주변인들의 권유를 뿌리쳤다. 조용하고 정갈한 장소를 찾아 들어간 민성은 아들, 딸, 며느리 등 가족과 함께 목숨을 버렸다.[81] 이렇게 죽은 이가 민성을 포함해 일가족 13명이다.

실록에는 민성이 목숨 버린 장소가 전등사(傳燈寺)로 나오지만, 전등사가 아니라 천등사(天登寺)였던 것 같다. 송시열의 문집인 《송자대전》에도 천등사라고 나온다. 지금 강화에 천등사가 없으나 일

민성사당과 정성지문(경기 김포)

제강점기까지 절터가 전해졌다.

박헌용의 《속수증보강도지》(1932)에 천등사 터가 "화산(지금 강화읍 남산) 상봉 남쪽에 있고, 뒤쪽으로 굴 안에 만든 집이 있으니, 인조 정축 난리에 절사(節士) 민성이 가족 13명을 이끌고 목숨을 바친 곳으로, 그 터가 아직도 완연하다."라고 했다.

"증 참판 민성 집안에는 정문이 12개나 되니 더욱 우뚝한 바이다. 한 집안에서 한꺼번에 절의를 위해 죽은 사람이 12명이나 되니, 이러한 절의에 대하여 어찌 그저 정문을 세우고 추증하는 데 그칠 수 있겠는가. 특별히 나타내 주는 조치를 이러한 집안에 하지 아니하고 어디에 하겠는가."[82]

정조가 한 말이다. 정조는 민성에게 호조판서를 추증하고 충민(忠愍)이라는 시호를 내렸다. 정문이 12개? 자결한 이가 13명이라고 했는데 정려문이 내려진 건 12개다. 한 사람이 빠졌다. 관련해서 송시열이 이런 기록을 남겼다.

"조정에서는 민성과 그의 여러 자녀 그리고 여러 며느리와 첩까지 모두 12명을 정포(旌襃, 나라에서 정려문을 세워주고 포상함)하였는데, 유독 그의 서자(庶姊)인 민씨만 그 정포에 끼지 못하였으니 애석하다."

자결한 이가 한 사람 더 있었던 거다. 민성의 이복 누님 민씨이다. 민성이 자결하기 전에 누님에게 말했다. "우리들은 곧 죽을 겁니다. 누님은 연로하여 욕을 당하지 않을 것이고 또 죽임도 당하지 않을 것이니, 노비들과 함께 이 어린아이들을 업고 나가십시오."

그러자 누님이 "함께 죽어야 마땅한데 어찌 차마 나 혼자만 살아남겠소." 하면서 거절했다. 민성이 거듭 청하니, 마지못해 따랐다. 민성의 어린 손주들을 데리고 길을 나선 민씨는 도중에 가족들이 모두 목을 맸다는 소식을 들었다.

그러자 등에 업은 아이를 여종에게 넘겨주고 목숨을 끊었다.[83] 민성과 그의 가족 모두 13명 자결! 나라에서 장하다고 12명 표창! 짝짝짝? 아니, 그냥, 좀, 마음이 편하지 않다.

충렬사에 배향된 이들은 사람다움을 지키기 위해 목숨을 버렸거나 죽임을 당했다. 특히 김상용들의 순절은 '오랑캐'에게 짓밟혀 고통 겪는 백성에 대한 지도층의 사죄이기도 했다. 변절이 너무 흔한 세상, 입으로는 의(義)를 외치며 몸은 이(利)를 따르는 세태 속에서 하나뿐인 목숨까지 내놓으며 지조를 지켜낸 이들의 정신, 민주 세상에서도 여전히 소중하다.

나는 여기서 죽는다

남한산성 출성 항복 이틀 전, 인조는 홍명구가 전사했다는 소식을 듣는다.

그 일이 알려지자 상이 울면서 이르기를, "내가 평소 그의 사람됨을 알았다. 이렇게 나라가 결딴난 때에 단지 이 한 사람이 있을 뿐이다." 하고, 이조판서에 추증하도록 명하였다.[84]

인조는 결딴난 나라에 이 한 사람, 홍명구가 있다고 칭송했다. 평안도 관찰사 홍명구(1596~1637)는 병마절도사 유림(1581~1643)과 함께 근왕병을 이끌고 남한산성으로 향했었다. 그들이 강원도 철원 김화에 이르렀다.

강화도를 함락한 청군은 한양에 주둔하던 병력 일부를 함경도 지역으로 이동시켰다.[85] 함경도로 가는 청군이 길목인 김화에 도착했다. 김화에서 맞닥뜨린 조선군과 청군. 이제 전투를 피할 수 없게 됐다.

이 전투에서 청군은 치명적인 손실을 보았다. 전투 후 자기네 죽은 병사의 시신을 거두어 태웠는데 하도 많아서 사흘이 걸렸다고 전한다.

그러나 값진 승리를 거둔 조선군은 홍명구를 잃었다. "홍명구가 호상(胡床, 걸상)에 걸터앉아 부인(符印, 지휘관 증표)을 가져다 소리(小吏)에게 주며 말하기를, '나는 여기서 죽어야 마땅하다.' 하고, 활을 당겨 적을 사살하였는데, 몸에 세 개의 화살을 맞자 스스로 뽑아버리고 칼을 빼 치고 찌르다가 마침내 해를 당하였다."[86]

실록에 유림이 홍명구에게 비협조적으로 대했다고 나온다. "홍명구가 급히 유림을 부르며 서로 구원하도록 하였으나 유림이 응하지 않고 도망하였으므로 휘하의 장사들이 많이 전사하였다."라고 했다. 홍명구의 시선에서 기록한 것 같다.

유림은 유림대로 할 말이 있을 것이다. 선불리 홍명구 군을 구원하려다가 유림의 병력도 무너지고 말 것이다. 최종 목표는 여기가 아니라 남한산성이다. 비겁하단 소리를 들어도 어쩔 수 없었다. 문신인 홍명구는 뜨거웠고 무신인 유림은 냉철했다.

사실, 홍명구와 유림의 의견이 서로 엇갈렸다. 전술에 대한 관점 차이가 컸다. 여기에 진을 쳐야 한다, 아니 여긴 위험하니 저기에서 싸워야 한다, 그러다가 홍명구와 유림은 각각 다른 위치에 진을 설치했다. 청군을 끌어들이려는 홍명구는 평지에, 유림은 조금 떨어진 백전(栢田)의 언덕에.

청군은 홍명구 진영과 유림 진영의 사이로 진격해서 두 진영을 갈라놓고 홍명구 진영을 쳤다. 처절한 전투 끝에 홍명구가 전사했다. 청군은 기세를 몰아 유림군을 공격했다. 동요하는 병사들에게 유림이 외쳤다. "나 여기 있노라. 동요하지 마라."

유림은 지형지물을 이용해 적을 막아냈다. 청군이 거듭 공격해왔으나 쌓여 가는 건 청군의 시체였다. 한밤, 유림은 은밀히 병사 몇을 내려보내 적장을 쏘게 했다. 백마를 타고 있던 적장이 고꾸라졌다. 유림군의 총탄에 죽은 적장은 청 태종의 매부인 야빈대였다.[87]

유림의 병사들 사격 솜씨가 상당했다. 한참 뒤 사료이기는 하지만, 《영조실록》에 이런 말이 나온다. "비록 병자년의 일(병자호란)로 말하더라도 유림의 김화 싸움은 오로지 청주의 3백 명 산행포수의 힘을 입은 것이니, 이로써도 그들이 정병(精兵, 우수하고 강한 군사)임을 알 수가 있습니다."[88] 청주의 민간 포수들이 징발되어 유림의 지휘를 받았던 것 같다.

홍명구는 졌고 유림은 이겼다? 그렇지 않다. 홍명구의 희생을 바탕으로 유림이 최종적인 대승을 거둔 것이라고 보는 게 적절하다. 이를 김화 백전 전투라고 한다.

거기서 계속 싸울 상황이 아니었다. 어서 남한산성으로 가야 한다. 유림은 깊은 밤 병력을 빼내 화천으로 이동했다.[89] 다시 병사들을 다독이며 남한산성으로 향했다. 쉴 시간이 없었다.

그러나 도중에 인조가 성을 나와 항복했다는 소식을 듣는다. 쿵! 유림의 가슴속에서 뭐 하나가 떨어지는 소리, 들렸을 것이다. 어이하나, 어이하나. 발걸음을 돌려 자신이 지키던 안주성으로 돌아갔다. 이후 유림은 청군의 가도 정벌에 동원되어 청군과 함께 명군을 치게 된다.

죽지 못한 남자, 죽지 않은 여자

삶은 무엇이고 죽음은 무엇인가. 위난의 시기에, 살아 있음은 그저 욕된 것인가. 강화학파 인물 가운데 이건승(1858~1924)이 있다. 병인양요 때 순절한 이시원의 손자이고 이건창의 아우이다. 을사늑약(1905)을 당하자 자결하려고 했는데, 인명은 재천이라 죽지 못했다.

죽지 못한 게 죄인 양 문 닫아걸고 오래도록 사람을 만나지 않았다. '이게 아니다. 그래 교육이다.' 문 열고 나온 이건승은 재산을 털어 강화군 화도면에 계명의숙을 세우고 인재를 양성한다.

1910년 8월 29일 경술국치. 나라가 망했다. 만주로 망명해 독립운동하다가 서간도 안동현(지금 단둥)에서 숨을 거두었다. 사망 몇 해 전 이건승은 이렇게 썼다.

"나는 죽을 책임이 없다. 죽지 않았다고 누가 비난할까. 죽는다고 하고 죽지 않았으니, 이는 누구를 속인 건가."

을사늑약 때 자결하겠다고 밝혔다가 그러지 못한 것을 평생 마음속에 부담으로 안고 살았던 것 같다. 영혼이 맑은 사람은 사는 게 더 힘들다.[90]

병자호란 강화 섬, 서른이 안 된 젊은 선비가 난리를 피해 들어와 있었다. 윤황의 아들이고 윤증의 아버지인 윤선거(1610~1669)였다. 김익겸 등 벗들과 함께 죽기로 결의했건만, 그는 홀로 살았다. 자결하지 못했다. 심지어 그의 아내도 목숨을 버렸는데.

윤선거는 노비로 변장하고 강화를 탈출했다. 병든 아버지를 한 번 보고 싶어 그랬다지만, 그게 다가 아닐 것이다. '살고 싶다'는 본능을 누가 탓할 수 있을까. 때로는 사는 게 죽는 것보다 더 힘들기도 한 법, 윤선거는 그렇게 살았다.

학문에 몰두했다. 때로 책은 훌륭한 도피처가 된다. 책에 집중하고 있을 때만큼은 세상만사 신산한 삶을 잊을 수 있다. 학문이 높아지며 명성이 나자 임금이 거듭 벼슬을 내렸다. 그러나 응하지 않았다. 스스로 죄인으로 여기고 부끄러움 속에 살았기에 관직에 욕심을 내지 않았다.

조선시대 남자들, 아내가 죽으면 당연하게 재혼하지만, 윤선거는 그냥 홀아비로 평생을 살았다. 자결한 아내에게 미안하고 부끄러웠다. 그가 남긴 글에 '치(恥, 부끄러워하다)', '회(悔, 뉘우치다)' 자와 관련된 내용이 유난히 많다고 한다.[91]

윤선거, 좀 뻔뻔하게 살아도 됐다. 너무 뻔뻔한 사람들이 거들먹거들먹하는 세상에서 너무 뻔뻔하지 못했던 윤선거를 떠올린다. "죽는다고 하고 죽지 않았으니, 이는 누구를 속인 건가." 평생 자신을 할퀸 이건승을 떠올려본다. 이상! 죽지 못한 남자 이야기였다.

이제 죽지 않은 여인을 만나자.

난리 피해 강화도로 왔건만, 정작 강화도에서 더 끔찍한 난리를 겪었다. 청나라 군대에 점령된 강화도는 말 그대로 아비규환이었다. 함께 들어왔던 남편은 이제 저세상 사람. 겨우 20살 아낙은 어린 아들 손을 잡고 뭍으로 가는 선박에 올라 간신히 목숨을 건졌다. 그가 살았기에 다섯 살 아들도, 뱃속의 아기도 살 수 있었다.

아낙은 스스로 미망인(未亡人)이라 칭하며 남편 따라 죽지 못한 죄인으로 살았다. 평생 화려한 옷, 좋은 음식을 가까이하지 않았고 손수 수를 놓고 옷감 짜서 살림을 꾸렸다. 두 아들을 참으로 엄격하게 키웠다. "행실이 바르지 못하면 과부 자식이라서 그렇다는 말이 따라붙기 마련이다. 이 말을 너희들 뼈에 새겨라." 이렇게 가르쳤다. 뼈에 새겨라!

자식 교육 열정, 흉내 낼 수 없을 만큼 뜨거웠다. 어린 자식에게 말했다. "제때 배우지 않고 사느니 빨리 죽는 게 낫다." 아들 앉혀 놓고 회초리 때려 가며 《소학》, 《사략》 등을 직접 가르쳤다. 그만큼 학문도 깊었다. 밥 굶을망정 아이들 공부할 책은 어떻게든지 샀다. 도저히 살 수 없는 책은 빌려다 밤새 손수 베껴서 아이들에게 주었다.[92]

그녀는 자식 교육을 어머니의 도리가 아니라 산 자의 사명감으로 여긴 것 같다. 제대로 키워 놓아야 죽어서 남편 얼굴을 떳떳하게 볼 수 있다고 여겼다. 두 아들은 학문과 인격을 쌓으며 제대로 컸다. 과거에 급제하여 이름을 높였다.

첫째가 김만기(1633~1687)이다. 병조판서, 대제학 등을 역임했다. 그의 딸이 숙종 왕비인 인경왕후이다. 둘째는 병자호란 난리 때 어

머니 뱃속에 있었던, 그래서 아버지 얼굴도 모르는 작은 아들, 김
만중(1637~1692)이다. 《사씨남정기》와 《구운몽》을 지었다. 벼슬은
공조판서, 대사헌, 대제학 등을 지냈다.

김만중의 어릴 때 이름, 그러니까 아명이 선생이다. 어찌 어린
아이가 선생인가? 선생(先生)이 아니라 선생(船生)이다. 병자호란 때
그의 어머니는 만삭이었다. 피난 가는 배 안에서 만중을 낳았다고
한다. 배에서 태어난 아이라서 선생으로 불렀던 모양이다.

그러면 김만중이 얼굴 한번 보지 못한 아버지는 누구인가. 강화
성 남문루에서 김상용이 화약에 몸을 던질 때 함께 목숨 버린 김익
겸이다. 그때 김익겸은 23살이었다. 생원시와 진사시에 합격하고
성균관에서 공부하던 학생 신분이었다.

1636년, 남한산성 일기

인조와 신료들이 강화도로 오지 못하고 남한산성에 들어간 것
은 1636년(인조 14) 병자년 12월 14일이다. 성을 나와 항복한 날은
1637년(인조 15) 정축년 1월 30일이다. 산성살이 근 50일이었다.

《인조실록》에서 몇몇 사건을 뽑아 정리해 본다.

1636. 12. 15.
대가(大駕, 임금의 가마)가 새벽에 산성을 출발하여 강도로 향하려 하
였다. 이때 눈보라가 심하게 몰아쳐서 산길이 얼어붙어 미끄러워
말이 발을 디디지 못하였으므로, 상이 말에서 내려 걸었다. 그러나

남한산성

끝내 도착할 수 없을 것을 헤아리고는 마침내 성으로 되돌아왔다. 인조는 남한산성에 들어가서도 강화도에 대한 미련을 버리지 못했다. 입성 다음 날 성을 나와 강화로 향했으나 어쩔 수 없이 포기했다. 당시 임금을 호종했던 누군가가 기록해 남긴 《산성일기》에는 "15일에 임금이 걸어서 가시다가 여러 번 엎어지셔서 옥체가 불편하여 도로 성에 드시었다."라고 나온다.

1636. 12. 16.

능봉군 칭과 심집이 노영(虜營, 청군 진영)으로 가서 강화(講和)를 의논하였다. 오랑캐가 묻기를, "그대 나라는 지난 정묘년에도 가짜 왕자로 우리를 속였는데, 이 사람은 진짜 왕제(王弟)인가?" 하니, 심집이 대답하지 못하였다. 또 묻기를, "그대는 진짜 대신인가?" 하니, 심집이 또 대답하지 못하였다.

오랑캐가 마침내 박난영에게 묻자 난영이 칭은 진짜 왕제이고 심집은 진짜 대신이라고 답하니, 오랑캐가 크게 노하여 난영을 죽였다. 인(因)하여 말하기를, "세자를 보내온 뒤에야 강화를 의논할 수 있을 것이다." 하였다.

전날 청군은 왕의 아우와 대신을 인질로 보내면 화친를 논의할 수 있다고 했다. 조정이 가짜 왕제와 가짜 대신을 보냈다가 들통났다. 이후 왕제에서 세자로, 다시 국왕 출성으로 요구 조건이 점점 올라가게 된다.

박난영은 광해군 때 강홍립과 함께 명의 후금 정벌에 동원됐다가 포로가 돼서 정묘호란 때 후금군의 길잡이로 왔던 인물이다. 병자호란 때 조선 조정을 도와 거짓말을 했다가 죽임을 당했다.

1636. 12. 19.

적병이 진격하여 남성(南城)에 육박했는데, 아군이 화포로 공격하여 물리쳤다.

조선 수비군이 청군을 물리쳤다. 12월 24일에는 400여 명 병사가 성 밖으로 나가 청군을 기습해 승리하고 돌아왔다. 사실상 항복한 이후인 1637년 1월 23일 밤중에는 적이 서성(西城)에 육박하였는데 수어사 이시백이 힘을 다해 싸워 크게 패배시키니 적이 무기를 버리고 물러갔으며, 조금 뒤에 또 동성(東城)을 습격하였다가 패배하여 도망하였다. 1월 24일에도 청군이 남성(南城)을 공격했으나 조선 병사들이 격퇴했다.

남한산성 수비병들은 허수아비가 아니었다. 어떻게든 청군을 막아내고 있었다. 남한산성 수비병력은 1만 4천 명 정도였다.

1636. 12. 26.

강원도 영장(營將) 권정길이 병사를 거느리고 검단산에 도착하여 횃불로 상응하였는데, 얼마 안 되어 적의 습격을 받고 패하였다.

권정길의 근왕병이 무너졌다. 그래도 그 뒤 승리 소식도 있었다. 1637년 1월 5일에 전라병사 김준룡이 근왕병을 이끌고 와 용인 광교산에서 청군과 싸워 승리했다고 전해 왔다. 잠시 위안이 되는 소식이었다. 1월 6일에는 함경감사 민성휘가 군사를 거느리고 강원도 금화현에 도착했다는 소식을 올렸다.

그러나 1월 15일에는 "경상좌병사 허완이 군사를 거느리고 쌍령에 도착하였는데 교전하지도 못하고 군사가 패하여 죽었으며, 우병사 민영은 한참 동안 힘껏 싸우다가 역시 패하여 죽었다. 충청

감사 정세규가 진군하여 용인의 험천에 진을 쳤으나 적에게 패하여 생사를 모른다고 하였다."는 소식을 알려 왔다.

사방에서 임금을 구하러 근왕병이 오기는 했으나, 거기까지였다.

1636. 12. 27.

이기남에게 소 두 마리, 돼지 세 마리, 술 열 병을 가지고 [청 진영에] 가게 하였다. 노장(虜將, 청군 장수)이 받지 않으며 말하기를, "황천(皇天)이 우리에게 동방을 주셨으니, 팔도의 주육(酒肉) 등 모든 물건은 우리가 마음대로 할 수 있다. 국왕이 현재 석혈(石穴)에 처해 있고 내외가 통하지 않아서 종신(從臣) 이하가 모두 굶주릴 것인데, 이것을 어디에서 얻었는지 모르겠다. 너는 가지고 가서 굶주린 신민에게 나누어 주라."

교리 윤집 등이 강력하게 반대했으나 임금의 명령으로 청 진영에 소 등을 보냈다가 거절당했다. "우리는 배부르니 배고픈 너희나 먹거라."

같은 날 《승정원일기》는 청나라 장수가 이렇게 말했다고 적었다. "우리가 산성으로 몇 번이나 먹을 걸 보내 주고 싶었으나 국왕이 받지 않을 것 같아서 보내지 않고 있었다." 이런 소리 듣고 소와 돼지를 도로 끌고 오는 이기남 심정, 참담했을 것이다.

1636. 12. 30.

김류가 아뢰기를, "신이 지휘를 잘못하여 참패하였으니, 황공하여 어찌해야 할지 모르겠습니다." 하였다. 상이 이르기를, "보병과 기병의 형세는 현격하게 다른데, 경솔하게 평지에 내려갔으니 어떻게 패하지 않겠는가.”

전날, 12월 29일에 체찰사 김류가 병사들을 북문 밖으로 내보내 평지에 진을 치고 한판 싸워 보려고 했다. 뜻밖에도 청군은 싸우려 하지 않았다. 조선군이 먼저 공격하기도 그렇고 해서 대치만 하다가 날이 저물게 되었다.

김류는 우리 군사들에게 성으로 다시 들어오라고 했다. 등 돌려 성으로 향할 때 청군이 엄습해 왔다. 속수무책으로 당했고 많은 병사가 죽거나 다쳤다. 그 일을 김류가 인조에게 아뢴 것이다.

《산성일기》는 이날의 전황을 다르게 기록했다. 이에 따르면, 조선 군사들이 북문 밖으로 나가자 청군이 뒤로 물러났다. 유인하려는 것이다. 그런데 김류는 빨리 공격하라고 명령했다. 군사들이 움직이지 않았다. 청군이 유인 전술 펴는 걸 알고 있었기 때문이다. 김류는 사람을 시켜 움직이지 않는 군사들을 마구 찌르고 베게 했다. 군사들은 어쩔 수 없이 돌격했다. 그러자 사방에서 청군이 공격해 왔다. 결과는 참패였다. 김류는 40여 명이 전사했다고 보고했으나 사실은 300여 명이 죽었다고 한다.[93]

1637년, 남한산성 일기

1637. 1. 3.

“조선 국왕 성(姓) 모(某)는 삼가 대청(大淸) 관온인성황제에게 글을 올립니다. … 만일 정묘년에 하늘을 두고 맹서한 언약을 생각하고 소방(小邦, 조선) 생령의 목숨을 가엾이 여겨 소방으로 하여금 계책을 바꾸어 스스로 새롭게 하도록 용납한다면, 소방이 마음을 씻고 종사(從事)하는 것이 오늘부터 시작될 것입니다.

그러나 만약 대국이 기꺼이 용서해 주지 않고서 기필코 그 병력을 끝까지 쓰려고 한다면, 소방은 사리가 막히고 형세가 극에 달하여 스스로 죽기를 기약할 따름입니다."

전날 청 태종이 인조를 질책하고 위협하는 국서를 보냈었다. 내가 친히 왔는데 너는 어찌 나와 싸우지 않느냐, 정묘년의 치욕을 씻겠다고 하더니 후세의 웃음거리가 되었구나, 네가 아비로 섬기는 명 군주는 왜 자식을 구해 주지 않는 것이냐, 아픈 곳 골라 콕콕 찔렀다.

이에 대한 인조의 답신을 이조판서 최명길이 쓴 것이다. 겸손하나 나름 자존심을 지켜 보려는 내용이다. 청 태종을 황제로 표기했으나 인조를 '조선 국왕'이라고 썼다. 신(臣)으로 쓰지 않았다. 연호는 명나라 것을 썼다.

하지만 조정에서 비판이 빗발쳤다. "당시 문장을 대부분 최명길이 작성했는데, 못할 말 없이 우리를 낮추고 아첨하였으므로, 보고는 통분하여 눈물을 흘리지 않는 자가 없었다."고 하였다.

윤집도 최명길을 비판하고 나섰다. "오늘날의 일은 모두 최명길의 죄입니다. 사신을 보내자고 청하여 헤아릴 수 없는 치욕을 불러들였고, 답서 보내기를 서두르면서 마치 미치지 못할까 두려워하였는데, 그가 지은 문서에 대해서는 이를 갈지 않는 사람이 없습니다. … 최명길이 화친을 주장하여 나라를 그르친 죄는 머리털을 뽑아 세어도 속죄하기 어렵습니다."[94] 이후 최명길을 처벌하라는, 또 처형하라는 요구가 거듭됐다.

1637. 1. 8.

상이 대신을 인견하고 하문하기를, "요즈음 묘당에서 계획하는 것이 있는가?" 하니, 김류가 아뢰기를, "신들이 밤낮으로 생각하고 헤아려 보아도 지려(智慮, 슬기)가 얕고 부족하니, 무슨 모책이 있겠습니까. 단지 외부의 구원만 기다릴 뿐입니다."

유구무언.

1637. 1. 14.

당시 날씨가 매우 추워 성 위에 있던 군졸 가운데 얼어 죽은 자가 있었다.

죽음에 이르는 과정이 고통스럽지 않은 게 어디 있으랴만, 얼어 죽음은 너무 비참하다. 20여 일 전, 그러니까 1636년(인조 14) 12월 20일 남한산성 조정, 이런 대화가 오갔다. 도승지 이경직이 인조에게 아뢰었다.

"성첩(城堞, 몸을 숙이고 적을 감시하거나 공격하기 위한 성 위의 낮은 담으로 여장이라고도 함)을 지키는 군사들이 여러 날 추위에 떨고 굶주리며 노숙하는 것이 이미 극한에 이르렀습니다." 인조는 못 들은 양 딴소리를 했다. 이경직은 계속 군사들에게 옷을 나눠줄 형편이 못 되니 "빈 가마니를 군졸에게 나누어 주면 좋을 듯합니다."고 청했다. 이번에도 인조는 딴소리, 답변이 이러했다. "다른 말은 그만하고, 속히 나가서 차호(差胡, 청군 사신)를 만나 결말을 지어서 보내라."[95]

듣기 싫었을 뿐 인조가 모를 리가 없다. "이경여가 아뢰기를, '조사(朝士, 신하) 중에 혹시 몸에 걸치고 남는 옷이 있으면 수합하도록 하여 군사들에게 보내는 것이 어떻겠습니까?' 하니, 정기광이 아뢰기를, '이것은 어제 이미 거행하였습니다.' 하였다."[96]

이경직과 이경여가 아뢰기 전날, 인조가 먼저 신하들의 여벌 옷을 모아 병사들에게 지급하라고 지시했던 것이다. 그러나 모은 옷이 얼마나 되랴.

며칠 뒤, 12월 24일, 야속한 하늘이 큰비를 내렸다. 눈도 섞여 내렸다. 성을 지키던 병사들 옷이 젖고 옷이 얼고 몸도 얼어, 여러 명이 동사했다.[97] 인조는 후원에 나가 하늘에 절하고 비 그치기를 빌었다.

"내 한 몸이야 죽어도 애석하지 않지만 백관과 만백성이 하늘에 무슨 죄가 있습니까. 조금이라도 날을 개게 하여 우리 신민을 살려 주소서."[98] 땅에 엎드려 빌던 인조가 소리 내어 운다.

비는 임금을 피해가지 않았다. 온몸이 젖은 인조의 통곡은 계속됐다. 신하들이 만류해도 인조는 오래도록 그렇게 있었다. 하늘이 울고 임금이 울고 신하들이 울었다.

장작이라도 때서 몸을 녹이지 그랬을까. 눈 쌓여 땔감조차 구하기 어려웠다. 임금도 신하들도 마찬가지였다. 산성 안에 있는 사찰 개원사의 행랑을 헐고 고을의 옥사(獄舍)도 헐어 거기서 나온 목재를 땔감으로 썼을 정도였다.[99]

1637. 1. 18.
최명길이 마침내 국서를 가지고 비국(비변사)에 물러가 앉아 다시 수정을 가하였는데, 예조판서 김상헌이 밖에서 들어와 그 글을 보고는 통곡하면서 찢어 버리고, 인하여 입대(入對)하기를 청해 아뢰기

최명길 묘(충북 청주)

를, "명분이 일단 정해진 뒤에는 적이 반드시 우리에게 군신의 의리를 요구할 것이니, 성을 나가는 일을 면하지 못할 것입니다. … 국서를 찢어 이미 죽을죄를 범하였으니, 먼저 신을 주벌하고 다시 더 깊이 생각하소서." 하였다.

힘겹게 쓴 항복문서를 김상헌(1570~1652)이 북북 찢어 버렸다. 얼마나 화가 날 일인가. 문서가 찢어지듯 자신의 가슴도 찢어졌을 것이다. 최명길(1586~1647)은 찢긴 문서 조각을 주섬주섬 주웠다. 호란이 끝난 어느 날 최명길이 인조에게 말했다.

"그 글 속에 실정에서 벗어난 말이 없지 않아서 김상헌이 보고서 통곡하고 찢어 버리면서, '나를 죽여라.' 하기까지 하였습니다. 신은 웃으면서 답하기를, '말뜻인즉 옳다. 그렇지만 이 글을 버릴 수는 없으니 응당 고쳐 써서 보내겠다.' 라고 하였습니다." [100]

그 상황에서 어찌 웃으며 말할 수 있었을까. 최명길 신도비명에 좀 더 구체적인 내용이 나온다. 최명길이 김상헌에게 말했다. "문서를 찢는 사람이 없어선 안 됩니다. 그리고 찢긴 문서 조각을 주워 맞추는 사람도 마땅히 있어야 합니다. [裂書者不可無 而補書者亦宜有]" [101]

조정에 자신처럼 항복문서를 쓰는 사람이 있으면, 그걸 찢는 사람도 있어야 한다는 얘기다. 최명길의 말속에 묵직한 가르침이 있다. 항복을 말한 최명길도, 끝까지 싸우자는 김상헌도 목적은 같았다. 나라를 위한 마음이었다. 자신의 부귀영화를 따진 선택이 아니었다.

최명길은 퍼즐 맞추듯 문서 조각을 주워 맞춰 베껴 썼다. 이렇게 완성된 국서가 청 진영으로 갔다. 그런데 그들이 수령을 거부해서 도로 가져와 다시 써야 했다. 청은 왜 거부하고 조선은 무얼 다시 쓴 것인가.

'폐하(陛下)'였다. "조선 국왕은 삼가 대청국 관온인성황제에게 글을 올립니다." 이렇게 보냈다가 거절당하자 "조선 국왕은 삼가 대청국 관온인성황제 폐하에게 글을 올립니다."로 바꿔서 다시 보낸 것이다.

1637. 1. 20.

"앞장서서 모의한 신하 2, 3명을 묶어 보내도록 하라. 짐이 효시하여 후인을 경계시키겠다."

'폐하' 들어간 조선의 국서를 받은 태종이 답장을 보내왔는데 그동안 척화를 주장한 대표적 인물 두세 명을 잡아 보내라고 했다. 목을 베어 내걸겠다고 했다.

1월 22일에 사간 이명웅과 이조참판 정온이 자신을 묶어 보내달라고 인조에게 청했다. 이날 김류는 "화친을 배척한 사람들의 의논이 당시에는 정론이었다고 하더라도 오늘에 이르러서는 나라를 그르친 죄를 피할 길이 없으니, 그들이 나가기를 자청한다면 좋겠습니다. 홍익한은 현재 평양에 있는데, 저들로 하여금 그에 대한 처치를 마음대로 하게 하는 것이 적당하겠습니다."라고 아뢰었다.

1월 23일에는 윤집과 오달제, 그리고 윤황이 청군 진영에 가 죽겠다고 상소했다.

1월 28일. 이번엔 김류가 인조에게 청한다.

■ 부여 창렬사

　삼학사로 불리는 홍익한·윤집·오달제를 모신 사당이다. 충남 부여에 있다.

▯ 윤집 택지비(강화읍 월곳리)

"이번에 자수한 자 외에도 지난봄에 그 일을 말한 사람이 한두 사람뿐만이 아닐뿐더러 그 경중도 모르는 판인데, 또 어떻게 취사 선택할 수 있겠습니까. 신들의 생각으로는 그 당시의 삼사 및 오늘 날 자수한 자를 아울러 잡아 보내면 저들이 반드시 숫자가 많은 것을 기뻐하리라 여겨집니다."

쯧쯧, 저쪽에서는 2, 3명만 보내라는데 이쪽에서는 싹 다 잡아 보내잔다.

1월 29일에 윤집과 오달제를 청 진영으로 잡아 보냈다. 그들이 인조에게 하직 인사를 올렸다. 오달제가 "신은 자결하지 못한 것이 한스러웠는데, 이제 죽을 곳을 얻었으니 무슨 유감이 있겠습니까." 하였다.

윤집은 이렇게 말했다. "신들은 떠나갑니다만, 전하께서 만약 세자와 함께 나가신다면 성안이 무너져 흩어질 가능성이 있으니, 이 점이 실로 염려됩니다. 원컨대 전하께서는 세자를 이곳에 머물러 있게 하고 함께 나가지 마소서."

그러자 인조가 말했다. "죽을 곳에 가면서도 오히려 나라를 걱정하는 말을 하는가. 그대들이 죄 없이 죽을 곳으로 나아가는 것을 보니 내 마음이 찢어지는 듯하다."

끌려가는 오달제는 가족에게 시를 지어 보냈다. 노모를 그리며 "이생에서 가장 슬픈 일이 있다면 홀로 계신 어머님 두고 가는 거라오.", 먼저 가는 자식의 아픔을 표현했다. 부인에게는 백 년 함께 살자던 언약을 저버렸다며 미안해한다. 그리고 복중(腹中) 아가를 잘 보호해 달라며 글을 맺는다. 오달제는 첫 부인과 사별하고 두 번째 부인과 혼례 올린 지 두 해도 안 된 상태였다. 더구나 그 부인이 임신 중이었다. 뱃속 아가를 부탁한다는 구절이 아리다.

홍익한 묘(경기 평택), 윤집 묘(충남 부여), 오달제 묘(경기 용인). 삼학사의 묘소가 국내에 다 있다. 그 먼 청나라 땅에서 어떻게 시신을 모셔 온 걸까. 다음 《영조실록》에 답이 있다.

교리 유엄이 아뢰기를, "홍익한·윤집·오달제는 오랑캐의 마당에서 참혹하게 죽어 시체가 이국땅에 버려졌습니다.

홍씨와 윤씨 두 가문에서는 모두 남은 의복을 가지고 허장(虛葬)을 했기에 조정에서 특별히 복호(復戶)해 주도록 했습니다만, 오달제의 가문에서는 허장은 예법이 아니라 하여 단지 의낭(衣囊, 주머니)을 가져다 불태우고 그의 아내 무덤 뒤에 묻어 애당초 분묘가 없었기 때문에 복호해 주라는 명이 있지 않았습니다.

이미 그의 아내 무덤이 있고 또 묻은 의낭이 있으니, 일체 복호해 주는 것이 합당할 듯합니다." 하니, 임금이 이르기를, "이는 다른 것과 자별하니, 특별히 복호해 주어야 한다." 하였다.[102]

시신을 모셔 오지 못했다. 영혼이라도 모시고자 허장했다. 허장이란 시신을 찾아 모실 수 없을 때 고인의 옷가지나 유품으로 대신 장례를 치르고 묘 쓰는 걸 말한다. 복호(復戶)는?

복(復)은 '회복하다'라는 뜻이지만, 여기서는 '면제하다'라는 의미로 쓰였다. 호(戶)는 호역(戶役), 즉 '호에 부과하는 역'을 말한다. 그러니까 복호(復戶)는 호역을 면제해 준다는 뜻이다. 대략 말하면, 세금 면제 혜택.

1637. 1. 21.

"조선 국왕 신(臣) 성휘(姓諱)는 삼가 대청국 관온인성황제 폐하에게 글을 올립니다."

인조가 청 태종에게 다시 보낸 국서의 시작 부분이다. 태종을 '폐하'라고 불렀고 결국 자신을 '신(臣)'으로 명기했다. 조선 국왕이 청 황제의 신하임을 공식적으로 인정한 것이다. 항복이다. 건주국 한(建州國汗), 후금국 한(後金國汗)을 칭하던 여진의 군주가 이제 대청국 황제가 되어 조선을 신하의 나라로 거느리게 된 셈이다.

'성휘(姓諱)'는 인조의 이름이 아니다. 인조 이름은 이종(李倧)이다. 청 태종에게 보낸 국서에는 이종이라고 썼으나, 우리 실록에 옮길 때 '이종' 대신 '성휘'라는 관용적인 표현으로 바꾼 것이다. 성휘는 그냥 '아무개' 정도의 의미로 이해하면 될 것 같다. 왜? 임금의 이름 자는 어디에도 쓰지 않는 것이 원칙이었다. 휘(諱)에는 이름이라는 뜻과 함께 '피하다', '숨기다'라는 뜻도 있다.

1637. 1. 22.

오랑캐가 군사를 나누어 강도(江都)를 범하겠다고 큰소리쳤다. 당시 얼음이 녹아 강이 차단되었으므로 사람들이 모두 허세로 떠벌린다고 여겼으나 제로(諸路)의 주사를 징발하여 유수 장신에게 통솔하도록 명하였다.

실록의 "당시 얼음이 녹아 강이 차단되었으므로"는 "당시 성엣장(유빙)으로 강이 차단되었으므로"로 수정되어야 한다. 번역이 잘못된 게 아니라 실록 자체의 한자가 틀리게 쓰인 것 같다.

원문 '氷澌塞江(빙시색강)'의 '시(澌)'는 '다하다', '없어지다'라는 뜻이니 빙시(氷澌)를 얼음이 녹았다고 번역할 수밖에 없다. 그렇지만 얼음이 녹으면 차단됐던 강이 열리는 것이니 말이 안 된다.

원문의 '시(澌)'는 성엣장이라는 뜻인 '시(澌)'를 잘못 쓴 것으로 보는 게 적절하다. '氷澌塞江'이 아니라 '氷澌塞江'이라는 얘기다. 같은 글자로 보이는데? 삼수 변(氵)과 얼음빙 변(冫)의 차이를 보면 된다.

이날 강화도가 함락됐다. 강화도 함락 소식이 남한산성에 전해지는 것은 1월 26일이다. 인조는 성을 나가 항복하기로 맘먹는다.

1637. 1. 26.

삼사가 청대하여 통곡하며 아뢰기를, "성안의 식량도 수십일을 버티기에 충분한데, 내일 성을 나가신다니 이것이 무슨 계책입니까. 더구나 교활한 오랑캐의 흉모는 헤아릴 수 없으니, 한번 나간 뒤에는 후회해도 소용이 없을 것입니다." 하니, 상이 이르기를, "처음 생각에 이런 일은 결코 따를 수 없고 오직 성을 등지고서 한바탕 싸워 사직과 함께 죽으려고 하였다. 그런데 군정(軍情)이 이미 변했고 사태도 크게 달라졌다. 강화(江華)가 온전하길 밤낮으로 기대했었다. 그러나 이제는 나의 자부들이 모두 잡혔을 뿐만 아니라 백관의 식솔들도 모두 결박당해 북으로 끌려가게 되었다. 내가 혼자 산다고 하더라도 장차 무슨 면목으로 지하에서 다시 보겠는가." 하자, 제신(諸臣)이 통곡하며 나갔다.

삼사는 식량이 수십 일[數旬] 버티기에 충분하다며 인조의 출성을 반대했다. 그런데 같은 날 《승정원일기》는 삼사가 식량이 며칠[數日] 버틸 정도라고 말한 것으로 기록했다. 어느 기록이 맞는 건지 판단하기 어렵다.

《승정원일기》에 따르면 1636년 12월 20일 기준으로 60~70일 먹을 수 있는 군량이 있었다.[103] 그러면 1637년 1월 26일 현재 약 30일분의 식량이 남아 있던 셈이니 계산상 수십 일[數旬]이 맞다. 삼사가 인조에게 청한 말의 문맥으로 따져 봐도 수십 일 버틸 식량이 있으니 성을 나가지 마시라는 것이 자연스럽다. 며칠 버틸 식량이 있으니 버텨 보자고 하는 것은 어울리지 않는다.

그렇다고 수십 일분의 식량이 있었다고 단정하기도 조심스럽다. 《산성일기》에 의하면, 1636년 12월 18일 현재 쌀, 피, 잡곡을 합쳐 1만 6천여 석이 있었는데 그게 군병 1만 명의 한 달 치 양식이라고 했다. 그렇다면 아끼고 아꼈어도 1월 26일이면 식량이 거의 바닥난 상태가 된다. 어느 사료를 취하느냐에 따라 출성 무렵의 식량 사정이 달라진다.

인조가 한 말 가운데 군정(軍情), 즉 군사들의 정황이 변했다는 것은 산성 수비군의, 뭐랄까, 일종의 태업 행위를 말한다. 이날 일부 병사들이 조정으로 몰려야 척화파 신하를 청군 진영으로 보내라고 요구하는 당황스러운 사건이 벌어졌다. 빨리 청과 화친을 맺고 전쟁을 끝내자는 요구인 셈이다.

조정 신료들은 우왕좌왕했다. 병사들은 흩어진 후에도 성첩에 오르지 않았다. 성첩에서 적의 상태를 주시하며 경계근무를 해야 하는데 그걸 거부한 것이다.

병사들은 척화 신료를 비아냥대기도 했다. "굳이 포박해서 오랑캐 진영으로 보낼 것 없습니다. … 이 사람을 장수로 정하여 싸우게 하소서."[104] 입으로만, 글로만 끝까지 싸우자며 척화를 외치지 말고 장수가 되어 칼 들고 직접 적과 싸워보시라, 이런 얘기다.

더해서, 이날, 청군에게 강화가 함락됐다는 소식까지 전해졌다. 인조에게 절망의 회오리가 거듭 몰아친 1월 26일이었다. 출성 외에는 답이 없어 보였다. 인조가 성을 나서는 것은 1월 30일이다.

남한산성 사람들이 강화도가 함락되는 바람에 할 수 없이 항복을 결정한 게 아니었다. 강화도 함락 전에 이미, 조선 국왕이 청 황제의 신하임을 인정하는 국서를 청 진영에 보냈다. 사실상의 항복선언을 해버린 것이다. 다만, 조선 조정은 문서상 항복으로 마무리되기를 바랐다. 인조의 출성(出城) 없이 말이다.

그러나 청군은 정묘호란 맹약 의식 그 이상의 항복 의식을 원했다. 인조를 무릎 꿇려 놓고 조선이 청의 신하국임을 공포하려고 했다. 홍타이지가 황제 폐하임을 천하에 드러내 과시하려고 했다. 그래서 강화도 침공을 단행했던 것이다. 인조를 남한산성에서 나오게 하려는 의도로.

어떻게 해서든지 인조의 출성만은 막아 보려던 조정은 강화가 함락되고 빈궁과 대군 등이 인질이 되면서 포기할 수밖에 없었다.

1637. 1. 28.

용골대가 말하기를, "삼전포에 이미 항복을 받는 단을 쌓았는데, 황제가 서울에서 나오셨으니, 내일은 이 의식을 거행해야 할 것이오. 몸을 결박하고 관을 끌고 나오는 등의 허다한 절목은 지금 모두 없애겠소." 하니, 홍서봉이 말하기를, "국왕께서 용포를 착용하고 계시는데, 당연히 이 복장으로 나가야 하겠지요?" 하자, 용골대가 말하기를, "용포는 착용할 수 없소." 하였다. 홍서봉이 말하기를, "남문으로 나와야 하겠지요?" 하니, 용골대가 말하기를, "죄를 지은 사람은 정문을 통해 나올 수 없소." 하였다.

이날 청 태종은 인조에게 글을 보내 항복한 조선이 앞으로 지켜야 할 요구 사항을 제시했다. 그리고 말미에 이렇게 적었다.

"그대는 이미 죽은 목숨이었는데 짐이 다시 살아나게 하였으며 거의 망해가는 그대의 나라를 온전하게 해 주었고 이미 잃었던 그대의 처자를 지킬 수 있게 해 주었다. 그대는 마땅히 국가를 다시 일으켜 준 은혜를 유념하라."

국가를 다시 일으켜 준 은혜? 이게 바로 재조지은(再造之恩), 척화 신료들이 그렇게 외치던 말이다. 임진왜란 때 망할 나라를 구해 준 명의 은혜를 갚아야 한다던 그 말, 이걸 청 태종이 써먹은 셈이다. 재조지은의 주체는 명나라가 아니라 청나라임을 유념하라!

1637. 1. 30.

용골대와 마부대가 성 밖에 와서 상의 출성을 재촉하였다. 상이 남염의(藍染衣, 남색 옷) 차림으로 백마를 타고 의장은 모두 제거한 채 시종 50여 명을 거느리고 서문을 통해 성을 나갔는데, 왕세자가 따랐다. 백관으로 뒤처진 자는 서문 안에 서서 가슴을 치고 뛰면서 통곡하였다. … 상이 단지 삼공(영의정·좌의정·우의정) 및 판서·승지 각 5인, 한림·주서 각 1인을 거느렸으며, 세자는 시강원·익위사의 제관(諸官)을 거느리고 삼전도에 따라 나갔다.

인조가 삼전도에 이르니, 봉림대군과 세자빈을 비롯해 강화도에서 끌려온 사람들도 모여 있었다. 인조는 삼배구고두례로 상징되는 항복 의식을 치렀고 그렇게 조선은 청나라의 신하국이 되었다. 진짜 황제가 됐다고 여겼을 홍타이지가 드디어 인조를 놓아주었다. 인조는 궁으로 향한다.

그런데 인조가 남한산성을 나설 때, 판서와 승지는 각 6인인데 5인만 따라나섰다. 누가 빠진 걸까. 예조판서 김상헌은 거부했고 좌부승지 한흥일은 그때 산성 안에 없었다.

《승정원일기》에 예조판서 김상헌이 나오지 않았다고 나온다. 《인조실록》은 인조를 따라가지 않은 이가 형조판서 심집이라고 썼는데 왜 그렇게 기록했는지 알 수 없다. 병자호란 끝나고 두 달 정도 흐른 어느 날, 최명길이 인조에게 여러 가지 사항을 아뢰는 중에 김상헌을 언급했다.

"[김상헌이] 물러나서는 먹지 않고 자신의 지조를 지켰으니, 신은 아주 귀하게 여깁니다. 그런데 그 뒤 출성하게 되었을 때, 자결하려고 하였지만 그러지 못했습니다. … 자제들이 구해서 죽지 못했습니다. 출성한 이 일은 비록 좋지 못하더라도, 임금이 망극한 변을 만났으니 들어와서 성상을 뵙고 인사를 드리고 떠났다면, 일에 대처하는 것이 자연스러웠을 것이고, 사리도 그러한데, 그렇게 하지 않고 끝내 곧장 떠나가 버렸으므로 … 김상헌의 일을 비록 혹 옳지 못하다고 여기는 자도 있지만 자랑스러운 일로 여기는 이도 더러 있습니다."[105]

출성 항복 때 김상헌이 자결을 시도했으나 발견한 가족이 구했다고 했다. 벼슬을 버리고 낙향할 때 임금에게 와서 인사라도 하고 가면 좋았을 것이라고 했다. 신하 된 자의 최소한의 예의이다.

인조는 김상헌이 정말 자결하려고 한 것인지, 흉내만 낸 것인지 은근히 의심하면서 "죽지 않았다면 와서 보고 가야 하는데 끝내 와서 보지 않고" 일방적으로 낙향했다고 섭섭함을 토로했다.

인조는 정말 섭섭했을 것이다. 김상헌에게 배신감도 느꼈을 것이다. 하지만, 청으로 끌려가던 백성들이 맛봐야 했던 배신감은 인조보다 몇 곱절, 몇십 곱절 더 독했을 것이다.

"우리 임금이시여, 우리 임금이시여, 우리를 버리고 가십니까."
절절하고 처절한 호소를 못 들은 척 가버리는 임금의 뒷모습. 백성들은 죽는 날까지 잊을 수 없었을 것이다. 1637년(인조 15) 1월 30일, 모두에게 참으로 혹독했던 그날. 삼전도의 굴욕? 실로 굴욕을 당한 이는 임금이 아니라 백성들일지 모른다.

떠난 이들과 이 땅에 남은 것

사대·명분·의리

영화 〈남한산성〉(2017)은 좀 특이했다. 보는 영화가 아니라 듣는 영화 같았다. 그래도 거의 400만 관객이 표를 끊었다. 이병헌이 연기한 최명길, 김윤석이 맡은 김상헌. 이들의 치열한 논쟁이 덩달아 관객의 가슴을 뜨겁게 했다.

지금 우리는 대개 주화파(主和派) 최명길을 지지한다. 척화파(斥和派) 김상헌들의 대명(對明) 사대주의를 답답해한다. 명분과 의리가 그리도 중요한 것이었나, 묻게 된다.

상이 호종한 백관을 거느리고 망궐례(望闕禮)를 행하였다.[1]

1637년(인조 15) 1월 1일. 정월 초하루, 설날이다. 날은 맑았으나 여전히 추위 매서운 새벽에 임금이 신하들과 망궐례를 올렸다.

망궐례? 남한산성 행궁에서 저 멀리 명나라 대궐 쪽을 향해 절을 올린 것이다. 청군이 산성을 포위하고 있는 그 험한 시기에 명나라 황제에게 '설 세배'를 올리는 인조와 신하들이다. 며칠 전인 12월 24일에도 망궐례를 했다. 그날은 명 황제 생일이었다. 지금 우리 시각으로는 공감하기 참으로 어렵다.

새삼 '사대주의'라는 말을 따져본다. 사대는 한자로 事大라고 쓴다. 사(事)가 여기서는 '섬기다'의 뜻이다. 그래서 사대의 뜻은 '큰 나라를 섬기다'이다. 작은 나라가 큰 나라를 섬기면 큰 나라는 작은 나라를 보호해 준다. 이러한 사대 개념을 만들어 낸 나라가 중국이다.

어느 왕이 맹자에게 외교 방법에 관해 묻자 맹자가 대답했다.

큰 나라가 도리를 지켜 작은 나라를 아끼고 섬긴다면 천하를 지킬 수 있고 작은 나라가 규범을 두려워해 큰 나라를 사대해 섬긴다면 나라를 지킬 수 있다.

작은 나라는 큰 나라를 섬기고 큰 나라는 작은 나라를 보살피고 보호하는, 이를테면 쌍방 의무 같은 조건이 '사대'에 스며 있다. 맹자 당시는 춘추전국시대이다. 중국이 여러 개 크고 작은 나라로 쪼개져 있을 때이다.

맹자는 당시 중국 나라들 사이의 외교 방법을 말한 것이다. 이후 사대는 중국과 주변 국가 간의 외교 규범으로 그 의미가 확대되어 적용됐다.

조선의 사대 대상이 바로 명나라였다. 조선은 명에 조공(예물)을 보내고 답례품을 받았다. 이는 일종의 무역이기도 했다. 왕이 즉위할 때는 명나라 황제의 책봉을 받았다.

사대에 대한 느낌은 유쾌하지 않다. 그렇다고 부끄럽게 여길 필요도 없을 것이다. 명과 조선의 땅덩이나 인구, 크고 작은 차이가 뚜렷하다. 대충 숙여 주고 현실적 이익을 얻는다면 나쁠 거 없다.

그런데도 조선시대, 특히 조선 후기의 대명 사대정책이 불편하게 여겨지는 건 지나치게 맹목적인 섬김의 자세 때문이다. 고려도 송나라 등에 사대했었다. 그런데 고려는 맹목적이지 않았다. 의례적인 사대를 통해 대내외 질서를 유지했다.

현대 국제관계에는 책봉 그런 거 없다. 모든 나라가 동등하다. 현실도 그러한가. 아니다. 세계 대부분 나라가 여전히 미국 눈치를 살핀다. 유럽의 떵떵거리는 나라들도 마찬가지다. 이제는 중국의 눈치까지 본다. 힘의 차이는 늘 있다.

의리와 명분의 문제를 짚어 보자. 조선이 그리도 중시했던 의리는 지금 우리가 쓰는 의리라는 말과 뉘앙스가 약간 다르게 쓰이기도 했다. "무조건 네 편이 되어줄게." 친한 사람 편에 서는 것이 아니다. 신세 진 것에 대한 보답의 의미만도 아니다.

조선의 의리는 "어떠한 상황에서도 반드시 지켜야만 할 보편적인 도덕 법칙이나 당위"[2]이다. 사람으로서 당연히 지켜야 할 도리가 곧 의리였다.

명분이라는 말이 흔히 '일을 꾀하는 데 있어 내세우는 구실이나 이유'라는 의미로 쓰이지만, 원래 뜻은 '직책이나 신분에 걸맞게 각자의 자리에서 지켜야 할 도리'라는 뜻이다. 그러고 보면 명분과 의리의 의미가 서로 통하는 면이 있다.

조선의 명분과 의리관으로 볼 때 척화는 선택의 문제가 아니라 사람으로서 당연히 지켜야 할 가치였다.

성리학이 보는 세상

유학, 그러면 우리는 우선 성리학을 떠올린다. 그런데 성리학이 모든 시대의 유학은 아니다. 진시황의 세상이 끝나고 등장한 한나라 때 학문으로서의 유학, 훈고학이 성립됐고 남송시대에 이르러서야 성리학이 등장했다.

고려 말에 성리학이 들어와 널리 퍼졌고 조선의 건국 이념이 되었다. 성리학은 16세기쯤부터 조선의 정치사상을 완전히 지배하게 된다. 명나라 때 새롭게 양명학이 일어나 생동했다. 양명학이 조선에도 유입됐으나 조선 성리학의 배타성에 치여 유의미한 영향력을 행사하지 못했다.

훈고학, 성리학, 양명학 모두 공자, 맹자 말씀을 기반한다. 공맹의 말씀은 변할 수 없으나 시대에 따라 해석은 달리할 수 있다. 성리학은 주자가 집대성한 학문이다. 주자의 공맹 해석을 따르는 유학이 성리학이라고 할 수 있겠다.

조선의 성리학자들에게 주자는 신과 다름없었다. 주자의 말씀에 토를 달거나 이의를 제기하는 것은 불경한 일이었다. 사문난적(斯文亂賊)이라는 표현 속에 조선 성리학의 폐쇄성이 스며 있다.

주자는 남송시대를 살았다. 여진의 금나라에 나라(북송)를 빼앗기고 남쪽으로 피해 가 다시 세운 나라가 남송이다. 주자는 여진(금)을 증오했고 불신했으며 오랑캐라 멸시했다. 전쟁을 통한 영토 회복을 꿈꿨다. 화친을 반대했다. 믿을 수 없는 오랑캐와의 화친은 남송을 더 나약하게 만든다고 여겼다.[3]

호란기 조선의 신하들, 그들은 성리학자다. 주자의 사상과 견해를 신봉하는 이들이다. 청은 금의 후예요, 오랑캐다. 화친은 결코 용납할 수 없는 행위이다. 척화야말로 그들의 정체성이다.

그러므로 조선 조정에서 주화를 말한다는 건 위험한 일이다. 척화파는 '현명'했다. 병자호란이 끝난 후 조정에서 한동안 힘들었을 뿐, 여전히 떵떵거릴 수 있었다. 떵떵거림은 그들의 후손에게로 이어졌다.

최명길은 '현명'하지 못했다. 주화 주장이 얼마나 위험한지 그도 알았을 것이다. 이후 조선에서 자신에 대한 평가가 얼마나 부정적으로 흘러갈지도 짐작했을 것이다. 그럼에도 주화의 선봉이 된 것은 자신을 스스로 버렸다는 의미이다.

최명길이 무슨 '친청파'가 된 것은 아니었다. 그 역시 척화파처럼 명을 받들었다. 하지만 성리학적 사고의 울타리를 뛰어넘었다. 나라와 백성의 어려운 현실을 우선으로 삼았다.[4] 명나라가 소중하나 최명길에게는 우리 백성과 우리 나라가 더 소중했다.

척화를 생각함

답답하고 때로 한심하게도 느껴지는 척화! 하지만 그때 그들에겐 목숨만큼 소중한 가치이자 신념이었다. 그 가치와 신념을 지금 우리가 온전히 이해하기 어려울 뿐이다.

척화파의 존재 가치를 인정할 필요가 있다. 만약 그때 남한산성 사람들이 모두 주화를, 그러니까 항복을 외쳤다면, 이도 민망한 일이다. 우리가 칭송하는 김상용도, 청나라에 끌려간 삼학사도 다 척화파이다.

그런데, 그럼에도, 척화론자들의 순수성에 의문은 제기하고 싶다. 척화론자는 뼛속까지 척화라야 진짜다. 그게 순정하다. 그런데 표리부동한 척화론자도 적지 않았다.

정묘호란 때 강화도로 피난 가던 인조가 통진에 이르렀을 때 후금 사신이 온다는 소식을 들었다. 만나줘야 할 것인가, 거부해야할 것인가, 조정은 쉬이 결정하지 못했다. 당시 형조참판이었던 최명길이 홀로 나섰다.

교전(交戰) 중에도 사신은 오고 가는 법이니 무턱대고 거절하지 말고, 우선 만나서 무슨 말을 하는지 들어 보자, 이렇게 대화의 물꼬를 튼 이가 최명길이다.

대개의 신하가 최명길과 같은 생각이었으나 눈치만 보며 말을 하지 않았는데 최명길은 그러지 않았다. 그렇게 해서 화친조약에 이르게 되었다. 장유가 당시 사정을 기록하여 남겼다.

척화를 주장하는 사람들이라 할지라도 겉으로는 큰소리를 쳤지만, 속으로는 화의가 성립되는 것을 실로 바라고 있었는데, 다만 실속 없이 떠들어대는 주장에 희생될까 두려워한 나머지 감히 분명하게 발언을 하지 못할 따름이었다.

그런데 유독 자겸(최명길)이 이러한 사태에 직면하여 문득 앞장서서 그 말을 꺼내면서 주저하거나 피하는 것이 없었는데, 끝내는 이 일 때문에 그만 탄핵을 받고 물러나는 신세가 되고 말았다.[5]

청군의 침공이 있기 수개월 전에는 최명길이 인조에게 이런 말을 했다.

"[정묘호란 후] 10년을 지탱하여 보전한 것은 대개 화친한 데서 나온 것입니다. 정묘년 변란 초에는 모두 화의(和議)를 나쁘다고 하였으나 강화를 맺고 난 후에는 모두 편하게 여겼습니다."[6]

척화를 외치던 조정이 후금과 화친한 후에 오히려 그걸 편하게 여겼다는 것이다. 주화론자인 최명길의 말이기는 하지만, 현실도 이와 크게 다르지 않았을 것이다.

척화파의 순수성에 또 하나의 의문점! '삼전도의 굴욕'을 겪으면서 적어도 척화론자 두어 사람은 명분과 의리 잃음을 자책하며 자결했어야 앞뒤가 맞는 게 아니었을까.

인조가 출성하던 1637년(인조 15) 1월 30일 그날, "서문 안에 서서 가슴을 치고 뛰면서 통곡"하던 수많은 신료 가운데 몇은 그랬어야 하는 거 아닐까. 그게 언행일치요, 학행일치 아닌가?

시도는 있었다. 출성 항복을 결정한 다음 날, 1월 27일에 김상헌이 목을 매고 정온은 칼로 자신의 배를 찔러 자결을 시도했다고 한다. 그런데 둘 다 실패했다.

인조의 소원

대명 의리와 명분의 정점은 국왕 인조다. 당연하다. 그런데 인조의 내면에는 명분과 의리보다 현실적 이해가 더 깊게 자리했던 것 같다. 현실적 이해라면, 나라를 지키는 거? 백성을 구하는 거? 아니다. 자신을 보호하는 것에 몹시 신경 썼다.

청나라에 항복하기로 하고부터 남한산성 인조의 걱정은 한 가지였던 것 같다. '나를 청나라로 끌고 가지 않을까?'

인조의 뇌리에 '정강의 변'(1127)이 가득 차 있었다. 여진족 금나라가 송나라(북송)를 멸망시키고 송의 황제 흠종과 그의 아버지이자

전 황제인 휘종을 포로로 잡아갔다. 당시 흠종의 연호가 '정강'이라 이 사건을 정강의 변이라고 한다. '금나라 때 그랬으니 청나라도 그러지 않을까?'

화친을 거부하자는 신하들도 정강의 변을 거듭 말해서 인조를 더 불안하게 만들었다. 1637년(인조 15) 1월 3일에 봉교(奉敎, 예문관 소속 관직) 이지항 등이 "지금 만약 회답하면 필시 신하로 일컫기를 요구할 것이고, 신하로 일컬은 뒤에는 또 서로 회합하기를 요구할 것이며, 서로 회합한 뒤에는 반드시 청성에서의 행동이 있을 것입니다."라고 아뢰었다.

다음 날에는 유백증이, 화친하게 되면 "청성에서 당한 것과 같은 결과를 필시 면하지 못할 것"이라고 상소했다. '청성에서 당한 것'은 송의 휘종, 흠종 부자가 금나라로 잡혀간 사건을 가리킨다. 임금이시여, 화친하게 되면 당신도 청나라로 끌려갈 겁니다, 그러니 화친하면 안 됩니다! 이런 의도였다.

청 태종이 인조의 출성을 거듭 겁박하고 있었다. 1월 20일에도 글을 보내, 출성하지 않으면 전국을 다 짓밟고 생명은 다 흙이 되게 할 것이라고 했다. 출성하지 않으면 인조가 아무리 빌어도 아무것도 들어 주지 않겠다고 했다.[7]

1월 21일. 청 장수 용골대가 최명길을 통해 인조에게 성 밖으로 나와야 한다고 다시 알렸다. 그러자 인조는 이렇게 말했다. "저들이 기필코 유인하여 성에서 나오게 하려는 것은 나를 잡아서 북쪽으로 데려가려는 계책이다." 같은 날 청 태종에게 보낸 국서에 신(臣)으로 칭하며 성에서 나가지 않게 해달라고 요청했다.

폐하가 천둥·번개와 같은 군사로 깊이 천 리나 떨어진 지경에 들어와 두 달도 채 못 되어 이 나라를 신하로 만들고 백성들을 어루만지셨으니, 이야말로 천하의 기이한 공으로서 전대(前代)에 없었던 일입니다. 어찌 꼭 신이 성에서 나오기를 기다린 뒤에야 바야흐로 이 성을 이겼다고 말하겠습니까.[8]

1월 22일. 소현세자는 달랐다. 자기 뜻을 청군 측에 전달하라고 비변사에 일렀다. "나에게는 일단 동생이 있고 또 아들도 하나 있으니, 역시 종사를 받들 수 있다. 내가 적에게 죽는다고 하더라도 무슨 유감이 있겠는가. 내가 성에서 나가겠다는 뜻을 말하라."

1월 23일. 인조는 청 태종에게 보내는 국서에 이렇게 썼다.

"폐하는 바로 신의 하늘입니다. … 신의 소망은 천병(天兵, 청군)이 퇴군하는 날을 기다려 성안에서 직접 은혜로운 조칙에 절을 하고 단을 설치하여 망배하면서 승여를 전송하고, … 앞으로는 사대하는 예를 상식으로 삼아 영원히 끊지 않도록 하겠습니다."

남한산성 밖으로 나가기 정말 싫다, 우리가 항복하기로 하지 않았느냐, 그냥 성안에 단을 설치하고 청 태종 당신 타고 가는 승여에 절 올리며 전송하고 싶다, 그렇게 해 주면 영원히 명이 아닌 청에 사대하겠다, 이런 얘기다.

1월 26일. 인조가 대신들에게 일렀다. "세자가 자진하여 나가려고 하니, 오늘 사람을 보내 말하도록 하라." 나 대신 세자가 성 밖으로 나가니 그걸로 통칩시다! 이렇게 읽힌다. 이날 인조는 강화도가 함락됐다는 소식을 듣게 된다.

1월 27일. 이제 인조가 성 밖으로 나가 항복할 수밖에 없는 처

왕의 자리(창덕궁)

창경궁 양화당

지다. 인조는 다시 청 태종에게 국서를 보낸다. "삼가 원하건대 …
조지를 분명하게 내려 신이 안심하고 귀순할 수 있는 길을 열어 주
소서." 성에서 나가서 항복해도 청나라로 끌고 가지 않고 여기서
그냥 왕 노릇 할 수 있게 해 준다고 약속하는, 공신력 있는 문서를
보내 달라는 요구다.

1월 28일. 청 태종에게서 답장이 왔다. "짐이 식언(食言, 약속한 말
을 지키지 않음)할까 의심하는 것인가?" 일단 기분 나쁨을 표시하고
"지난번의 말을 틀림없이 실천"하겠다고 약속해 주었다.

그 대신 "지난날의 죄를 모두 용서하고 규례를 상세하게 정하
여 군신이 대대로 지킬 신의로 삼는 바"라고 하면서 신하국 조선
이 앞으로 지켜야 할 것들을 알려 왔다.

명나라와의 모든 관계를 끊고 명의 연호도 사용하지 말 것, 세
자 등을 인질로 보낼 것, 청이 명을 칠 때 군사를 보낼 것, 청으로
끌려가는 백성들이 조선으로 도망해오면 잡아서 청으로 되돌려 보
낼 것, 성을 수리하거나 새로 쌓지 말 것, 그리고 황금부터 쌀까지
20여 가지 품목에 이르는 엄청난 물량의 세폐(歲幣) 요구까지.

물론 조선이 항복했기에 짊어지게 된 부담이지만, 인조를 그냥
두는 대가이기도 했다. 이를 보통 '정축약조'라고 한다. 어마어마
한 지시사항, 그래도 어쨌든 인조는 청으로 끌려가지 않음에 안도
했을 것이다.

이후 정축약조는 조선을 얽어매는 질곡으로 작용하게 된다. 청
나라가 명나라를 완전히 차지한 후에 전반적으로 약화되지만, 그
래도 조선은 오래도록 정축약조에서 자유롭지 못했다.

1월 30일. 남한산성을 나선 인조, 삼전도에서 일을 치르고, "오

군, 오군, 사아이거호." 울부짖는 백성들의 절규를 외면하고, 드디어 창경궁 양화당에 든다.

그리워라, 내 고향

청으로 끌려간 백성들이 도망해 오면 잡아서 되돌려 보내라는 청 태종의 지시를 자세히 보자.

포로들이 압록강을 건너고 나서 만약 도망하여 되돌아오면 체포하여 본 주인에게 보내도록 하고, 만약 속(贖, 몸값)을 바치고 돌아오려고 할 경우 본주의 편의대로 들어주도록 하라. 우리 군사가 죽음을 무릅쓰고 싸워 사로잡은 사람이니, 그대가 뒤에 차마 결박하여 보낼 수 없다고 말하지 말라.[9]

청군이 조선 남녀를 무지막지하게 잡아간 이유는 일꾼 등으로 부리려는 것도 있지만, 몸값을 받고 풀어 줌으로써 금전적 이득을 얻으려는 것이기도 했다.

'주인'에게 값을 치르고 국내로 데려오는 것을 속환(贖還)이라고 한다. 끌려간 이들 가운데 왕족이나 참전 군사 등은 나라에서 몸값을 치르고 송환했다고 한다. 하지만 개인은 사적으로 해결해야 했다. 처음에는 감당할 정도의 금액이었으나 나중에는 엄두가 안 날 만큼 값이 크게 올랐다. 속환가가 천만 원이라고 해서 준비해 갔더니 어느새 삼천만 원이 돼 있는 식이다.

떠나간 이들과 이 땅에 남은 것

청나라 이 나쁜. 아니, 이 부분은 청나라 사람들 욕할 일이 아니다. 조선 사람들이 값을 올려놓은 것이다. 최명길이 이 문제를 지적했다.

"저들이 정한 값은 본래 저렴하였는데 점점 값이 올라가는 것은, 모두가 속환하기를 원하는 사람이 골육(骨肉)의 속환에 다급하여 값의 많고 적음을 따지지 않음으로 인하여 비싸게 요구하는 폐단을 초래하게 된 것으로, 한 사람의 값을 혹 몇백 금으로 논하는 자도 있다 합니다.

이럴 경우에 가난한 백성은 끝내 속환할 길이 없게 됩니다. 왕이란 백성에게 있어서 귀천 빈부를 마땅히 동일시하여야 합니다. 한두 명의 재물 있는 자가 많은 값을 아끼지 아니한 탓으로 수많은 사람을 끝내 이역에서 죽게 한다면, 이는 실로 심히 경중을 잃은 것입니다."[10]

여전히 백성 처지를 생각하고 고민하고 걱정하는 최명길이다. 최명길은 일종의 속환가 상한제를 시행하자고 했다.

"1백 냥을 넘지 못하게 하고 저들이 높은 값을 요구한다면 차라리 버려두고 돌아오는 한이 있더라도 끝내 이 액수를 넘기지 못하게 하며, 이를 어기는 자는 중죄로 논한다면, 저들 역시 유익함이 없는 줄 알고 스스로 공평한 값을 따를 것이어서 사람마다 그 소원을 이룰 것으로 여겨집니다."

강화에 강해수라는 이가 있었다. 하나뿐인 아들과 동생이 정축년 그때 강화에서 청나라로 끌려갔다. 우선 아들을 데려오려고 속환 비용을 마련했다. 그런데 어머니가 그러는 거다. "너는 곧 아들을 보겠지만, 에미는 아들을 볼 수 없겠구나."

강해수는 이것저것 다 팔아 아들과 아우의 속환가를 준비해서 청나라 심양으로 갔다. 드디어 아들을 찾았고 아우도 찾았다. 이제 값을 치르고 강화로 돌아오면 된다.

그런데 어느새 값이 두 배로 올라 있었다. 한 사람밖에 데려올 수 없다. 강해수의 결정은? 동생이었다. 어머니를 생각하니 그럴 수밖에 없었다. 아들을 그냥 두고 왔다. 영영 다시 가지 못했다."
효(孝)? 무섭다.

대개의 사람은 가족이 끌려갔어도 속환시킬 능력이 없다. 끌려간 사람이나 남은 가족이나 포기밖에 답이 없었다. 방법은 없는가. 목숨 건 탈출뿐이다. 짐승도 죽을 때 태어난 곳을 향해 머리를 둔다는 말이 있다.

얼마나 많은 이가 청나라 땅을 탈출하다가 붙잡혀 발뒤꿈치가 잘리는 처벌을 당하고 또 죽임을 당했을지. 용케 성공해서 고국 땅을 밟아도 조선 관리에게 붙잡혀 되돌려 보내지는 현실!

안단이라는 이름을 가진 이가 있었다. 심양으로 끌려가 북경 등지로 옮겨졌다. 아버지가 강화천총 안몽열이라고 했으니 강화도에서 청군에게 붙잡혀 끌려간 것 같다.

오랜 노비 생활 끝에 탈출에 성공한 것은 1675년(숙종 1)이다. 1637년(인조 15)에 끌려갔으니 무려 39년 만에, 드디어 고국 땅을 밟게 됐다. 하지만 의주부윤 조성보가 안단을 잡아 묶어 청나라로 되돌려보냈다.

청 태종이 그렇게 하라고 했었으나 강산이 네 번 바뀐 세월이다. 눈감아 주어도 될 일이었다. 그런데 하필 그때 의주에 청나라 사신이 있었다. 접대하는 조선 쪽 신하들도 있었다. 협의 끝에 청나라 사신에게 안단을 어찌할지 물었다. 아이고, 뭐하러 물어. 사신이야 당연히 청으로 보내라고 하지.

다시 청나라로 끌려가는 안단, 통곡하며 말했다. "고향 땅 그리움이 늙을수록 더 간절한데 외려 죽을 곳에 빠뜨리는구나."[12]

또 다른 맹약

그러면 정묘호란 때 끌려갔던 조선 백성들은 어땠을까. 그들도 고향으로 도망쳐오면 무조건 후금으로 되돌려 보내졌을까? 그렇지는 않았던 것 같다. 이 문제를 검토해 보자.

홍타이지가 정묘호란 직후 인조에게 편지를 보내 요구했다. "금인(金人)·한인(漢人) 및 포로로 잡혀 온 여인(麗人, 조선인)이 귀국으로 도망친 자가 있으면 귀국에서도 즉시 조사해 보내야 하는데, 서로 숨기고 조사하여 보내려 하지 않으면 두 나라의 우호 관계에 있어서 도리어 무익할 것이다."[13]

후금군에게 포로로 끌려간 조선인이 도망해서 조선 땅으로 돌아오면 잡아서 후금으로 보내라는 요구이다. 화친조약 때 강화도에서 서로 약조한 사항인가? 아니다. 당시 양국의 맹세문에는 이런 내용이 없다. 그래서 조선은 홍타이지의 요구를 받아들이지 않았다. 그러면 홍타이지는 무슨 근거로?

원창군 호행관 이홍망의 장계는, 적병이 이달 18일 평양에서 맹약한 뒤에 군사를 거두어 즉시 순안으로 떠났다고 운운한 일이었다.[14]

1627년(인조 5) 3월의 《승정원일기》 내용인데 너무 간략해서 무슨 소리인가 싶다. 원창군을 호행하는 이홍망이 조정으로 장계를 올렸는데 그에 따르면 후금군과 평양에서 맹약했다는 얘기다.

강화도 조정이 성종의 후손인 원창군 이구를 인조의 아우라고 속이고 후금 진영에 볼모로 보냈었다. 가짜 왕제(王弟)인 셈이다. 조정에서 볼모 문제를 논의할 때 장유가 인조에게 말했다. "볼모로 들여보내는 일은 홍립이 가(假) 자를 써서 보여 주었으니 일이 편할 것 같습니다."[15] 강홍립이 슬쩍 가짜 왕제를 보내라고 코치해 준 것이다.

강화도에서 양국이 화친조약을 맺을 때 아민은 그 자리에 없었다. 양국이 맹약한 내용이 아민은 흡족하지 않았다. '이대로 돌아가면 홍타이지가 뭐라고 하지 않을까?' 이런 걱정도 했을 법하다.

그래서 평양에서 원창군 등을 강압해 다시 맹약하고 그 내용을 조선 조정에 알렸다. 이를테면 "강화도에서 맺은 조약은 무효야, 평양서 맺은 조약이 진짜니까 잘 지켜." 이런 소리였다.

아민이 보낸 문서를 받아보고 인조는 매우 흉측하다고 평했다. 최명길은 "저들도 우리나라가 필시 따르지 않을 것을 압니다. 이 다섯 조항을 가지고 훗날 트집을 잡으려고 한 것입니다."[16] 이런 반응을 보였다. 평양의 맹약을 통해 후금이 요구한 다섯 가지가 무엇인지는 《청태종실록》에 나온다.

① 조선이 후금에 예물을 보낼 것.

② 후금의 사신을 명의 사신처럼 공경할 것.

③ 병마를 정비하거나 성보를 세우는 등 서로를 적대시하지 않을 것.

④ 후금이 노획한 자들이 조선으로 도망칠 경우 잡아서 되돌려 줄 것.

⑤ 인조가 "멀리 있는 명보다는 가까이 있는 후금과 교류하겠다."라고 말한 바를 지킬 것.[17]

③은 강화도의 맹약과 일치한다. ①, ②, ⑤는 강화도의 맹약에 따라 좀 더 구체적인 내용을 제시한 것 같다. ④는 새로 튀어나온 요구이다. "후금이 노획한 자들이 조선으로 도망칠 경우 잡아서 되돌려 줄 것." 일방적으로 정해 놓고 양국의 약속인 듯 굴었다. 그러나 그때 조선은 순순히 따라 주지 않았다.

두 종류의 맹약문은 이후 조선과 후금 간에 파열음이 커지게 되는 또 다른 배경이 되었다.[18] 후금은 평양의 맹약을 '진짜'로 내세우고 조선은 강화도의 맹약을 우선해서 대응하면서 병자년으로 향해 가고 있었던 것이다.

홍타이지가 정묘호란 후에, 조선 땅으로 탈출한 조선인을 다시 잡아 보내라고 한 것도 평양맹약을 근거로 한 것이다.

음, 그런데, 아민이 주도한 평양맹약을 후금의 무원칙한 횡포로만 보기도 어렵다. 90% 후금 잘못이라면, 10%는 조선이 빌미를 제공했다고 할 수 있다.

"어린 아우 원창군 이구를 군전(軍前)으로 보내어 함께 서약을 정하게 하였으니, 귀국은 바로 군사를 퇴각하여 돌아가 우리의 경내에 머무르지 마십시오. … 어린 아우가 깊은 궁궐에서 생장하여 아보(阿保, 보모)의 손을 떠나지 않았으므로 원래 지식이 없으니, 주선하고 응대함에 있어 아마도 실수가 많을 것입니다. 책망을 내리지 말고 군전에 이르러 자리에 임해 맹약을 맺은 뒤에는 즉시 송환해 주기 바랍니다."[19]

조선과 후금이 정식으로 화친조약을 체결한 것이 1627년(인조 5) 3월 3일이었다. 여러 날 서로 밀고 당긴 결과였다. 그런데 인조는 더 일찍 조약을 맺고 전쟁을 끝내고 싶어 했었다. 위 사료는 인조가 2월 15일에 후금군 진영에 보냈던 국서의 일부이다. 어린 아우가 궁궐에서 커서 아는 게 별로 없으니 양해하라는 말도 능청스럽게 했다.

인조가 직접 나서지 않고 원창군과 아민의 맹약 정도로 정묘호란을 종결짓고 싶어 하는 마음이 국서에 담겼다. 원창군을 보내 '함께 서약을 정하게 하였고[共定約誓]', '맹약을 맺은 뒤에는[盟後]' 원창군을 돌려 보내달라고 했다. 가짜 동생이지만, 어쨌든 원창군을 왕의 대행자로 인정하고 조정의 대표성을 부여해 준 것으로 볼 수 있다.

아민 입장에서는 인조가 원창군에게 화친조약 체결에 대한 전권을 주었다고 여길 수 있다. 그래서 원창군을 상대로 맹약을 강요할 수 있었을 것이다. 물론 강화도에서 공식적으로 체결한 화친조약을 걷어찬 행위는 100% 아민의 잘못이다.

황손무의 편지

조선의 명에 대한 의리, 실로 대단했다. 명나라는 진정으로 조선에 감사해야 했다. 본디 사대란 큰 나라 작은 나라 피차 기본적인 섬김의 자세가 필요한 법이니.

그런데 명나라의 조선 인식은 어떠했을까. 그저 조금 더 각별한 오랑캐 정도이지 않았을까. 애정과 믿음? 글쎄. 명나라 장수 주문욱의 조선에 대한 인식은 이랬다. 아마도 명나라 사람들 대개가 비슷했을 것이다.

조선은 비록 약하지만 우리의 울타리이다. 우리를 도와 오랑캐를 제압하기에는 부족하지만, 우리를 배반하여 오랑캐에게 보탬이 되기에는 충분하다.[20]

명에는 조선도 견제와 감시의 대상일 뿐이다. 후금(청)은 조선이 명과 손잡고 자기네를 칠까 봐 걱정했고 명나라는 조선이 후금(청)과 손잡고 자기네를 칠까 봐 걱정했다. 아무튼, 조선이 소중한 나라이기는 했네.

지금 한반도 주변 정세가 병자호란 때랑 비슷하다며 걱정하는 의견이 많다. 대한민국이 미국과 중국 사이에 낀 샌드위치 신세라고도 한다. 에이, 처량하다.

역으로 한번 생각해 볼까. 샌드위치에서 제일 중요한 부분은 가운데 낀 각종 속 재료다. 알맹이다. 영양가와 단가도 제일 높다. 바깥에 두 개의 식빵은 그냥 껍데기이다.

돌이켜 보자. 수천 년 우리 역사에서 대외관계 평온하던 시기가 얼마나 되랴. 시련이라면 시련이고 역경이라면 역경이다. 시련, 역경 다 극복하며 지금에 이르렀다. 까짓것, 할 수 있다. 주변국에 휘둘리지 않고 바로 설 수 있다.

고려의 서희처럼 상대의 속마음을 읽어내는 능력, 빈틈을 볼 줄 아는 통찰력, 적절하게 숙여주되 비굴하지 않은 의젓함, 상대에게 얕보이지 않고 끌려다니지 않는 당당함. 때로는 "배 째!" 할 수 있는 담대함. 정권의 이익보다 국가의 이익을 우선하는 실질적인 조국애. 필요한 게 많기는 하다.

이때 묘당이 사람을 심양으로 보낼 계획을 이미 확정했는데, 이는 대개 황 감군의 오랑캐 동정을 정탐하라는 요청에 의한 것으로, 겸하여 옛날의 우호 관계를 닦으려는 것이다.[21]

톺아볼 만한 사료이다. '이때'는 병자호란 몇 개월 전인 1636년 (인조 14) 9월이요, 황 감군은 명에서 조선에 온 사신 황손무이다. 묘당 즉 비변사에서 청나라에 사람을 보내 우호 관계를 회복해 보려고 하는데 그렇게 하게 한 이가 황손무라는 얘기다. 명의 사신이 조선과 청나라가 친하게 지내기를 바란다?

황손무는 명이 청을 치는데 조선이 협조하라는 황제의 칙서를 가지고 왔다. 그런데 명으로 돌아가는 도중에 자신의 속마음을 담은 편지를 조선 조정에 보냈다. 공식적인 명의 입장과는 다른 소리를 했다. 얼추 이런 내용이다.

조선은 청에 대한 기미 정책을 계속 추진해서 그들과 적절히 사이좋게 지내는 게 좋겠다. 구구한 의리를 내세워 망국의 화를 재촉하지 말라. 저들을 배척만 하다가 침략당하면 아마도 나라가 무너질 것이다. 조선이 망하면 그건 조선의 불행일 뿐 아니라 우리 명나라에도 불행이다. 명의 동쪽 울타리가 무너지는 셈이니까. 이는 나만의 생각이 아니다.[22]

조선이 청과 친하게 지내는 것이 명나라에도 이익이라는 현실적인 인식이다. 이에 고무된 비변사에서 청나라 심양으로 사신을 보내려고 했던 것이다. 물론 청의 동정을 정탐한다는 표면적인 이유를 내세워서 말이다.

하지만 청과 절대 화친할 수 없다는 조정 척화 신료들의 거대한 반대에 직면하게 된다. 황손무가 조정의 반응을 알았던 것일까. 인조에게 글을 또 보내 이렇게 말했다. 학문은 현실 정치를 잘 펼치려고 하는 것인데 조선은 그렇지가 않다. 정사를 제대로 보지도 못하면서 시 3백 편을 외우는 게 무슨 소용인가.

이어서 말한다. "뜻도 모르고 응얼거리고 의관이나 갖추고 영화를 누리고 있으니 … 군대를 강하게 만들고 세금을 경리하는 것을 왕의 신하 중 누가 처리할 수 있겠습니까. 임금은 있으나 신하가 없으니 몹시 안타깝습니다."[23]

21세기. 한반도를 둘러싼 강대국 가운데 영향력이 가장 직접적인 나라가 미국과 중국이다. 그들은 어떻게 해서든지 한국을 자기 편에 묶어 두려고 애쓴다. 하지만 그들도 내심 한국이 미국이나 중국 어느 한 나라 편에 완벽하게 서는 것을 원치 않을 수도 있다.

만약에 한국이 중국과 완전 절교하고 미국 편이 된다면 그게 오히려 미국의 국익을 해칠 수 있다. 반대의 상황도 마찬가지이다. 미, 중 양국은 한반도에서 어떤 극단적인 정세 변화가 오는 걸 바라지 않을 것이다. 현상이 유지되기를 원할 것이다.

약 400년 전 조선 조정에 배달된 황손무의 편지는 오늘날 우리 외교를 풀어가는데 뭔가 작은 실마리를 줄지도 모르겠다.

실록과 역사

왕이 국청사에 갔다. 이윽고 경천사에 행차하였다. 유사(有司)가 행재소가 좁다 하여 사관을 물리치도록 청하자, 왕이 말하길, "사관은 나의 말과 행동을 기록해야 하므로 잠시라도 떠날 수 없다."라고 하였다.[24]

'왕'은 고려 의종이다. 고려시대 정치사의 최대 격변, 무신정변(1170)으로 폐위된 임금이다. 의종에 대한 우리네 인식은 호의적이지 않다. 그 의종이, 임금이 사관을 대하는 자세가 어때야 하는지 제대로 보여 주었다.

조선시대에도 사관은 임금 옆에 붙어 그의 언행을 철저히 기록했고 그게 실록의 기초가 되었다. 임금은 언짢아도 사관을 밀어낼 수 없었다. 자랑스러운 전통이다.

조선 인조, 남한산성 나설 때 영의정·좌의정·우의정 삼공 3명과 판서 5명, 승지 5명, 한림 1명, 주서 1명만 따라갔다. 정승·판서·승지는 조정의 핵심 고위 관료들이다. 반면 한림과 주서는 저 아래 하위직이다. 이들이 어찌 포함됐을까.

사관 역할이다. 길이길이 부끄러울 삼전도 현장을 낱낱이 기록하러 가는 것이다. 인조는 정말 싫었을 것이다. 그러나 기꺼이 사관을 대동했다. 한림과 주서의 기록은《인조실록》과《승정원일기》에 실려 그날 그 현장의 모습을 생생하게 전한다.

인조 즉위 초, 필요에 따라 임금과 신하가 사관 없이 대화할 수 있어야 한다고 최명길이 아뢴 적이 있다. 은밀한 독대가 가능해야 한다는 생각이었던 것 같다. 그러자 인조는 신하 혼자 들어와 대화하다 보면 그 말이 공정함을 잃을 수 있다며 완곡하게 거절했다.[25] 인조가 역사를 대하는 자세가 반듯했다. 하지만 초지일관하지는 못했다.

최명길이 아뢰기를, "이런 이야기를 사책(史冊)에 쓰게 하면 안 되겠습니다." 하니, 상이 쓰지 말도록 명하였다.[26]

때는 1637년(인조 15) 1월 16일, 남한산성. 청군 진영으로 보낼 외교문서에 항복하겠다는 말을 써야 할지 논의하는 과정에서 나온 말이다. 최명길은 역사에 기록되면 안 된다고 했고 인조는 쓰지 말라고 명했고 사관은 쓰지 않았다. 최명길, 인조, 사관 모두 원칙에서 벗어났다.

현종 때 조정에서 임금과 신하들 간에 격론이 오갔다. 임금이 몇몇 관원을 귀양보냈는데 신하들이 몰려와 그걸 취소하라고 요구한 거다. 현종은 점점 화가 나서 말하는 신하마다 파직을 명했다.

그러다가 아차 싶었는지 이렇게 지시했다. "사관은 지금 한 말들을 기록하지 말라."

정9품 사관 조사석이 대답했다. "비록 기록하지 말라는 분부를 받았으나 감히 명을 받들지 못하겠습니다."[27] 그리고 계속 기록했다. 사관은 원칙적으로 이러해야 했다.

최명길의 역사를 대하는 자세는 좀 의외로 느껴진다. 일찍이 인조에게 역사책을 많이 읽으라고 강조했던 그였다. 남한산성에서 이런 일도 있었다. "최명길이 들어와 상에게 나아가 귀에 대고 말을 하였으므로 입시한 사람들도 알아들을 수 없었다."[28]

전쟁통, 거친 반대 속에서 항복으로 가는 길, 험난했고 급박했다. 정황으로 볼 때 최명길이 인조에게 귓속말할 수밖에 없었을 상황이 충분히 이해 간다. 하지만, 자신의 말이 역사에 기록되는 걸 피하려는 의도였다면, 바람직한 모습은 아니었다.

그래도 귓속말해서 알아듣지 못해 기록하지 못한다고 밝힌 사관의 자세는 음미할 만하다. 비슷한 사례가 《승정원일기》에도 나온다. "김류가 앞으로 나와 은밀히 아뢰었다. 승지와 사관들도 들을 수가 없었다."[29]

티 없는 옥은 있어도 티 없는 역사책은 없다. 조선왕조실록도 흠결이 있다. 사관이 기록한 사초 등을 엮어 실록으로 편찬할 때 편찬자들이 빼고 더하는 과정에서 왜곡이 일어날 수 있다. 사관의 기록 역시 오로지 객관적이라고만도 할 수 없다.

반정으로 쫓겨난 왕에 대해서는 부정적인 묘사가 더해지고 상대 당파에 대해서도 비판적인 평가가 강조될 수 있다. '역사는 승자의 기록'이라는 말이 불편하지만, 일정 부분 현실성을 반영한 말이기도 하다.

그럼에도 실록에 담긴 치열한 기록 정신과 이에 대한 존중은 아름답다. 실록 덕분에 우리는 이렇게 호란을 말할 수 있다. 역사를 대하는 자세는 조선이 대한민국보다 훌륭했던 것 같다.

실록을 활자로 인쇄한 것은 《세종실록》부터이다. 그전 실록은 손으로 직접 쓴 필사본이었다. 실록이 완성되기까지 초초(初草) → 중초(中草) → 정초(正草)의 단계를 거쳤다고 한다. 원고에 대한 수정과 보완, 그리고 교정 작업이 이루어지는 과정이다.

정초를 인쇄해서 별도의 최종본을 완성한 것인지, 아니면 정초 자체가 사실상 최종 인쇄본을 의미하는 것인지, 의견이 좀 갈린다. 적어도 활자 인쇄가 보편화한 조선 후기에는 초초 → 중초 → 인쇄본(최종본, 정초본)이라는 단계를 밟은 것 같다.[30]

그런데 광해군의 실록은 편찬 과정이 여느 실록과 달랐다. 우선 이름이 《광해군일기》이다. 폐위된 임금이라 격을 낮춰 '일기'로 부르는 것이다. 《광해군일기》는 인쇄되지 못했다. 그냥 필사본이다. 인조 조정이 광해군을 업신여겨서 일부러 그런 건 아닐 것이다.

이괄의 난과 정묘호란을 겪으며 편찬 작업이 난항을 겪었다. 남아 있는 사초가 너무 부족해서 민간의 자료까지 모아 가며 힘들게 원고를 완성했다. 하지만 경제적 어려움 등으로 인쇄 작업을 포기했다고 한다. 대신 손으로 일일이 베껴 썼다. 이렇게 완성한 '정초본'이 두 질이었다.

조선 전기에 전국에 사고가 네 곳 있었다. 실록을 편찬하고 보관하는 기관인 춘추관(春秋館)과 충주사고·성주사고·전주사고이다. 임진왜란 때 전주사고본을 제외하고 모두 불타는 아찔한 경험을

정족산사고

정족산은 조선시대에 전등산이라고도 불렸다. 그 안에 전등사가 있기 때문이다. 옛 산성이 있는데 그 이름이 정족산성이다. 여기서 병인양요 때 프랑스군을 꺾었다. 정족산성을 흔히 삼랑성으로 부른다. 단군의 세 아들이 쌓았다고 전하는 그 삼랑성이다. 삼랑성 안에 전등사가 있고 또 정족산사고가 있는 것이다.

했다.

왜란 후 실록을 재인쇄하고 사고를 다섯 곳으로 늘렸다. 춘추관·정족산사고·태백산사고·적상산사고·오대산사고로 정비되었다. 따라서 광해군의 실록도 다섯 질을 마련해야 했다. 그런데 남은 건 필사본 두 질뿐이다. 너무 적다.

실록이 완성되면 초초본과 중초본은 세초(洗草)해서 없애는 게 원칙이다. 그러나 《광해군일기》는 두 질밖에 안 돼서 중초본을 그대로 남겼다. 정초본 두 질과 중초본 한 질 모두 세 질을 지방 사고 세 곳에 모셨다. 중초본은 태백산사고로 정초본은 강화 정족산사고와 무주 적상산사고로 갔다.

《광해군일기》 중초본과 정초본 내용이 거의 같으나 다른 부분도 적지 않다. 이를테면 영창대군 살해 기록이 중초본에 나오는데 정초본에서는 삭제되어 나오지 않는다.

광해군을 폐하고 왕이 된 인조는 즉위 초에 "금수(禽獸, 짐승)의 땅이 다시 사람의 세상이 되었으니, 뭐라 형언할 수 없다."[31]라며 감격했었다. 그 '사람의 세상'이 인조에게 참으로 고단하였다. 이괄의 난, 정묘호란, 병자호란! 신하의 반란으로, 외적의 침략으로 세 번이나 피란 짐을 싸야 했다. 어디 임금만 고단했으랴. 백성들의 피눈물이 넘쳐나는 세상이었다. 호란의 시대, 실로 아팠다.

아프다. 아픔을 느낀다는 건 그래도 살아 있다는 증거다. 살아왔고 살아갈 일이다. 역사가 뭐, 별거겠는가. 우리네 인생이 역사다. 행복과 기쁨만의 인생이 어디 있으리오. 속상하고 화나고 때로 부끄럽기도 하고 또 고통스럽기도 하다. 그렇게 부대끼며 살아내다 보면 웃을 일이 꼭 온다. 진정한 '사람의 세상'도 올 것이다.

비 오는 날도 있고 해 나는 날도 있다. 역사에도 해가 뜨고 비가 내린다.

떠나간 이들과 이 땅에 남은 것

주

빛나는 물길이 다다르는 곳

1 《고려사》 세가 예종 10년(1115) 1월.
2 《고려사》 세가 예종 4년(1109) 6월 27일.
3 《고려사》 세가 예종 10년(1115) 1월.
4 신달도·정양·윤선거 원저, 신해진 편역, 《17세기 호란과 강화도》, 역락, 2012, 30~31쪽.
5 《세종실록》 26년(1444) 윤7월 12일.

정묘호란

1 《광해군일기(중초본)》 11년(1619) 12월 17일.
2 《인조실록》 5년(1627) 1월 17일.
3 《인조실록》 4년(1626) 10월 24일.
4 《인조실록》 5년(1627) 2월 15일.
5 한명기, 《병자호란》1, 푸른역사, 2013, 184쪽.
6 한명기, 《병자호란》1, 푸른역사, 2013, 155쪽.
7 《광해군일기(중초본)》 10년(1618) 5월 5일.
8 《광해군일기(중초본)》 11년(1619) 4월 8일.
9 《광해군일기(중초본)》 14년(1622) 5월 1일.
10 《광해군일기(정초본)》 13년(1621) 6월 6일.
11 《광해군일기(중초본)》 11년(1619) 12월 22일.
12 《인조실록》 1년(1623) 3월 14일.
13 《광해군일기(중초본)》 5년(1613) 1월 1일.
14 《인조실록》 1년(1623) 3월 14일.
15 《광해군일기(중초본)》 5년(1613) 6월 21일.
16 《인조실록》 3년(1625) 3월 19일.
17 《광해군일기(중초본)》 6년(1614) 1월 13일.
18 《인조실록》 3년(1625) 3월 19일.
19 《광해군일기(정초본)》 5년(1613) 6월 21일.
20 《광해군일기(정초본)》 7년(1615) 11월 17일.
21 구범진, 《병자호란, 홍타이지의 전쟁》, 까치, 2019, 49~50쪽.
22 《인조실록》 13년(1635) 12월 30일.

23 《광해군일기(중초본)》13년(1621) 12월 18일.

24 한명기, 《원치 않은 오랑캐와의 만남과 전쟁》, 동북아역사재단, 2020, 95쪽.

25 황경원, 《강한집》제26권 발미 조제고.

26 《인조실록》1년(1623) 윤10월 25일.

27 《인조실록》2년(1624) 12월 22일.

28 《승정원일기》인조 4년(1626) 10월 20일.

29 《인조실록》5년(1627) 4월 19일.

30 신달도·정양·윤선거 원저, 신해진 편역, 《17세기 호란과 강화도》, 역락, 2012, 63쪽.

31 《인조실록》5년(1627) 2월 10일.

32 《인조실록》5년(1627) 2월 7일.

33 《인조실록》5년(1627) 2월 7일.

34 《인조실록》5년(1627) 2월 7일.

35 《인조실록》5년(1627) 2월 14일.

36 이정구, 《월사집》부록 제2권, 행장.

37 《인조실록》5년(1627) 2월 21일.

38 신달도·정양·윤선거 원저, 신해진 편역, 《17세기 호란과 강화도》, 역락, 2012, 26쪽.

39 《인조실록》5년(1627) 2월 15일.

40 《인조실록》5년(1627) 2월 16일.

41 《인조실록》5년(1627) 2월 18일.

42 신달도·정양·윤선거 원저, 신해진 편역, 《17세기 호란과 강화도》, 역락, 2012, 58쪽.

43 《인조실록》5년(1627) 2월 28일.

44 《인조실록》5년(1627) 4월 1일.

45 신달도·정양·윤선거 원저, 신해진 편역, 《17세기 호란과 강화도》, 역락, 2012, 39쪽.

46 신달도·정양·윤선거 원저, 신해진 편역, 《17세기 호란과 강화도》, 역락, 2012, 46쪽.

47 《승정원일기》인조 3년(1625) 10월 18일.

48 《인조실록》5년(1627) 4월 1일.

49 《인조실록》5년(1627) 4월 4일.

50 《승정원일기》인조 14년(1636) 12월 20일.

51 조경남, 《속잡록》속잡록2.

52 《인조실록》3년(1625) 6월 19일.

53 《인조실록》1년(1623) 4월 12일.

54 《인조실록》5년(1627) 4월 1일.

55 《인조실록》5년(1627) 2월 15일.

56 《승정원일기》인조 5년(1627) 2월 21일.

57 《승정원일기》인조 5년(1627) 2월 2일.

58 《인조실록》5년(1627) 3월 15일.

59 《선조실록》31년(1598) 3월 24일.

60 《비변사등록》숙종 34년(1708) 12월 07일.

61 《인조실록》5년(1627) 2월 13일.

62 《비변사등록》인조 27년(1649) 4월 23일.

63 《인조실록》5년(1627) 2월 17일.

64 신달도·정양·윤선거 원저, 신해진 편역, 《17세기 호란과 강화도》, 역락, 2012, 68쪽.

65 《인조실록》5년(1627) 2월 1일.

66 《인조실록》5년(1627) 3월 19일.

67 《인조실록》5년(1627) 3월 24일.

68 《인조실록》5년(1627) 3월 3일.

69 《인조실록》5년(1627) 3월 13일.

70 《인조실록》5년(1627) 3월 5일.

71 《인조실록》5년(1627) 4월 8일.

72 《인조실록》5년(1627) 3월 28일.

73 《인조실록》5년(1627) 4월 20일.

74 《인조실록》10년(1632) 9월 19일.

75 이형상, 《강도지》(상), 인천광역시 역사자료관, 2015, 224쪽.

76 《인조실록》16년(1638) 1월 4일.

77 허태구, 〈병자호란 이전 조선의 군사력 강화 시도와 그 한계〉, 《군사》109, 2018, 263쪽.

78 소진형, 〈인조의 호패법 시행과정을 통해 본 권력의 정당성 문제와 그 한계〉, 《한국동양정치사상사연구》17-1, 2018, 105쪽.

79 《광해군일기(중초본)》3년(1611) 1월 10일.

80 《인조실록》2년(1624) 7월 28일.

81 《인조실록》4년(1626) 6월 5일.

82 《인조실록》3년(1625) 9월 4일.

83 《인조실록》4년(1626) 12월 25일.

84 《인조실록》4년(1626) 7월 16일.

85 《인조실록》4년(1626) 11월 22일.

86 장유, 《계곡집》권17, 〈논군적의상차(論軍籍擬上箚)〉.

87 허태구, 〈병자호란 이전 조선의 군사력 강화 시도와 그 한계〉, 《군사》109, 2018, 257쪽.

병자호란

1 작자 미상, 김광순 옮김, 《산성일기》, 서해문집, 2004, 100쪽.

2 유하령, 《화냥년》, 푸른역사, 2013, 52~53쪽.

3 《인조실록》5년(1627) 2월 8일.

4 《광해군일기(중초본)》13년(1621) 9월 10일.

5 김민호, 〈'치욕의 의식' 삼궤구고두례 연구〉, 《중국소설논총》62, 2020, 155쪽.

6 《인조실록》15년(1637) 1월 1일.

7 구범진, 《병자호란, 홍타이지의 전쟁》, 까치, 2019, 44쪽.

8 《인조실록》5년(1627) 8월 9일.

9 《인조실록》15년(1637) 1월 28일.

10 《인조실록》14년(1636) 12월 6일.

11 《인조실록》1년(1623) 7월 8일.

12 《인조실록》2년(1624) 12월 22일.

13 《인조실록》13년(1635) 8월 3일.

14 《인조실록》13년(1635) 8월 3일.

15 한명기, 《원치 않은 오랑캐와의 만남과 전쟁》, 동북아역사재단, 2020, 157~158쪽.

16 《인조실록》11년(1633) 2월 11일.

17 《인조실록》14년(1636) 2월 24일.

18 《인조실록》14년(1636) 3월 1일.

19 《인조실록》14년(1636) 6월 17일.

20 《인조실록》14년(1636) 11월 12일.

21 《연려실기술》인조조 고사본말.

22 구범진, 〈병자호란 시기 강화도 함락 당시 조선군의 배치 상황과 청군의 전력〉, 《동양사학연구》141, 2017, 340쪽.

23 《광해군일기(중초본)》1년(1609) 4월 10일.

24 《인조실록》5년(1627) 2월 9일.

25 《승정원일기》인조 15년(1637) 1월 22일.

26 《인조실록》15년(1637) 2월 2일.

27 《인조실록》15년(1637) 2월 5일.

28 《인조실록》15년(1637) 2월 27일.

29 신달도·정양·윤선거 원저, 신해진 편역, 《17세기 호란과 강화도》, 역락, 2012, 91쪽.

30 《인조실록》15년(1637) 4월 14일.

31 구범진, 《병자호란, 홍타이지의 전쟁》, 까치, 2019, 180~181쪽.

32 《승정원일기》인조 15년(1637) 1월 29일.

33 구범진, 〈병자호란 시기 강화도 함락 당시 조선군의 배치 상황과 청군의 전력〉, 《동양사학연구》141, 2017, 326~327쪽.

34 《인조실록》15년(1637) 1월 22일.

35 구범진, 《병자호란, 홍타이지의 전쟁》, 까치, 2019, 187쪽.

36 《인조실록》15년(1637) 1월 26일.

37 《인조실록》14년(1636) 12월 14일.

38 《인조실록》 2년(1624) 2월 8일.

39 김일환, 〈이민구의 강화도 탈출담 연구〉, 《용봉인문논총》55, 2019, 53쪽.

40 《연려실기술》 인조조 고사본말.

41 어한명 원저, 신해진 역주, 《강도일기》, 역락, 2012.

42 《인조실록》 15년(1637) 9월 21일.

43 《승정원일기》 인조 14년(1636) 12월 20일.

44 《인조실록》 15년(1637) 2월 21일.

45 조익, 《포저집》 제25권 잡저 병정기사(丙丁記事).

46 구범진, 〈병자호란 시기 청군의 강화도 작전〉, 《한국문화》80, 2017, 235쪽.

47 《인조실록》 15년(1637) 1월 22일.

48 《승정원일기》 인조 15년(1637) 2월 16일.

49 김노진 지음, 인천광역시 역사자료관 역사문화연구실 역주, 《역주 강화부지》, 2007, 135쪽.

50 김일환, 〈이민구의 강화도 탈출담 연구〉, 《용봉인문논총》55, 2019, 59쪽.

51 《인조실록》 15년(1637) 1월 22일.

52 김노진 지음, 인천광역시 역사자료관 역사문화연구실 역주, 《역주 강화부지》, 2007, 82쪽.

53 강화군·강화문화원, 《강화금석문집》, 2006, 82~83쪽.

54 《승정원일기》 인조 15년(1637) 11월 2일.

55 신달도·정양·윤선거 원저, 신해진 편역, 《17세기 호란과 강화도》, 역락, 2012, 163쪽.

56 《인조실록》 15년(1637) 6월 4일.

57 《숙종실록》 10년(1648) 3월 13일.

58 《인조실록》 15년(1637) 6월 22일.

59 신달도·정양·윤선거 원저, 신해진 편역, 《17세기 호란과 강화도》, 역락, 2012, 163쪽.

60 《광해군일기(정초본)》 11년(1619) 7월 3일.

61 《인조실록》 15년(1637) 1월 22일.

62 《인조실록》 2년(1624) 5월 28일.

63 《인조실록》 11년(1633) 5월 18일.

64 《인조실록》 13년(1635) 4월 5일.

65 이경수, 《강화도史》, 역사공간, 2016, 250쪽.

66 《인조실록》 5년(1627) 2월 6일.

67 김노진 지음, 인천광역시 역사자료관 역사문화연구실 역주, 《역주 강화부지》, 2007, 137쪽.

68 《인조실록》 11년(1633) 10월 22일.

69 《인조실록》 17년(1639) 12월 2일.

70 《인조실록》 18년(1640) 1월 27일.

71 《인조실록》 20년(1642) 2월 2일.

72 《인조실록》 15년(1637) 9월 21일.

73 김노진 지음, 인천광역시 역사자료관 역사문화연구실 역주, 《역주 강화부지》, 2007, 156쪽.

74 《인조실록》 16년(1638) 1월 22일.

75 박헌용, 《속수증보강도지》하, 인천광역시 역사자료관, 2016, 50쪽.

76 이형상, 《강도지》(상), 인천광역시 역사자료관, 2015, 141쪽.

77 《인조실록》 16년(1638) 3월 11일.

78 《인조실록》 16년(1638) 3월 11일.

79 《인조실록》 15년(1637) 1월 22일.

80 박헌용, 《속수증보강도지》하, 인천광역시 역사자료관, 2016, 255쪽.

81 《순조실록》 16년(1816) 12월 25일.

82 《정조실록》 14년(1790) 3월 19일.

83 이경수, 《김포역사인물산책》, 역사산책, 2019, 195~196쪽.

84 《인조실록》 15년(1637) 1월 28일.

85 권순진, 〈병자호란 김화 백전전투 고찰〉, 《군사》96, 2015, 267쪽.

86 《인조실록》 15년(1637) 1월 28일.

87 이기환, '치욕의 병자호란 속 귀중한 1승', 경향신문, 2012.11.14.

88 《영조실록》 21년(1745) 4월 5일.

89 권순진, 〈병자호란 김화 백전전투 고찰〉, 《군사》96, 2015, 276~277쪽.

90 이경수, 《강화도, 근대를 품다》, 민속원, 2020, 177~179쪽.

91 최영성, 〈노서 윤선거의 삶과 학문〉, 《유학연구》18, 2008, 6쪽.

92 이건창·김만중 외, 박석무 편역, 《나의 어머니, 조선의 어머니》, 현대실학사, 1998, 140쪽.

93 작자 미상, 김광순 옮김, 《산성일기》, 서해문집, 2004, 52~53쪽.

94 《인조실록》 15년(1637) 1월 4일.

95 《승정원일기》 인조 14년(1636) 12월 20일.

96 《승정원일기》 인조 14년(1636) 12월 20일.

97 작자 미상, 김광순 옮김, 《산성일기》, 서해문집, 2004, 45쪽.

98 《인조실록》 14년(1636) 12월 24일.

99 작자 미상, 김광순 옮김, 《산성일기》, 서해문집, 2004, 82쪽.

100 《승정원일기》 인조 15년(1637) 4월 4일.

101 남구만, 《약천집》 제17 신도비명.

102 《영조실록》 6년(1730) 2월 28일.

103 《승정원일기》 인조 14년(1636) 12월 20일.

104 《승정원일기》 인조 15년(1637) 1월 26일.

105 《승정원일기》 인조 15년(1637) 4월 4일.

1 《인조실록》 15년(1637) 1월 1일.
2 허태구, 〈병자호란 연구의 새로운 정초〉, 《인문논총》76-3, 2019, 518쪽.
3 한가람, 〈정묘·병자호란기 조선 사대부의 전쟁관〉, 고려대학교 대학원 석사학위논문, 2016, 27~28쪽.
4 이경수, 《김포역사인물산책》, 역사산책, 2019, 190~191쪽.
5 장유, 《계곡집》 계곡만필 제1권.
6 《인조실록》 14년(1636) 9월 4일.
7 작자 미상, 김광순 옮김, 《산성일기》, 서해문집, 2004, 76~77쪽.
8 《인조실록》 15년(1637) 1월 21일.
9 《인조실록》 15년(1637) 1월 28일.
10 《인조실록》 15년(1637) 4월 21일.
11 이형상, 《강도지》(상), 인천광역시 역사자료관, 2015, 131~132쪽.
12 《숙종실록》 1년(1675) 4월 6일.
13 《인조실록》 5년(1627) 5월 30일.
14 《승정원일기》 인조 5년(1627) 3월 21일.
15 《인조실록》 5년(1627) 2월 9일.
16 《인조실록》 5년(1627) 3월 21일.
17 채홍병, 〈정묘맹약(1627) 이후 조선의 대후금 관계 추이와 파탄〉, 고려대학교 대학원 석사학위논문, 2019, 26쪽.
18 채홍병, 〈정묘맹약(1627) 이후 조선의 대후금 관계 추이와 파탄〉, 고려대학교 대학원 석사학위논문, 2019, 27~28쪽.
19 《인조실록》 5년(1627) 2월 15일.
20 한명기, 《병자호란》1, 푸른역사, 2013, 102쪽.
21 《인조실록》 14년(1636) 9월 15일.
22 한명기, 《최명길 평전》, 보리, 2019, 284쪽.
23 《인조실록》 14년(1636) 10월 24일.
24 《고려사》 세가 의종 11년(1157) 1월 24일.
25 《인조실록》 1년(1623) 11월 5일.
26 《인조실록》 15년(1637) 1월 16일.
27 《현종실록》 8년(1667) 1월 30일.
28 《인조실록》 15년(1637) 1월 20일.
29 《승정원일기》 인조 14년(1636) 12월 19일.
30 강문식, 〈《조선왕조실록》 연구의 통설 재검토〉, 《규장각》49, 2016, 253쪽.
31 《인조실록》 1년(1623) 3월 17일.

정묘호란·병자호란 전후 연표

연도	연호 및 재위	사건 일지	명·후금(청)
1619	광해군 11	명, 조선과 연합하여 후금과 심하전투(사르후 전투)를 벌였으나 패배.	
1620	광해군 12		
1621	광해군 13	후금군, 조선 침입.	모문룡, 아민을 피해 도망.
1622	광해군 14	명 사신, 조선 방문.	모문룡, 가도에 동강진 설치 후 피난.
1623	광해군 15 / 인조 1	인조반정(계해정변) 발발.	
1624	인조 2	이괄의 난 발발.	
1625	인조 3	명 황제(희종), 인조 책봉.	
1626	인조 4	호패법 부활.	
1627	인조 5	**[정묘호란]** 1월 8일 후금군, 심양 출발. 1월 13일 후금군, 조선 영토 진입. 1월 17일 인조, 후금 침공 소식을 듣고 각종 비품과 문서를 강화로 옮기도록 명함. 1월 19일 인조, 강화도 파천과 호패법 폐지 등을 적은 교서를 내림. 1월 20일 광해군, 인조의 명으로 강화부(지금 강화읍)에서 교동도로 유배지를 옮겨 감. 1월 21일 인목대비와 중전, 한양에서 강화로 출발. 1월 26일 인조, 출궁 후 양화진에서 배를 타고 한강을 건너 양천 도착. 후금군, 평양을 거쳐 황해도 황주까지 내려옴. 1월 27일 인조, 김포 육경원(어머니 인헌왕후의 묘)에 들러 참배 후 통진 도착. 1월 29일 인조, 강화 도착. 2월 1일 인조, 강화 주민을 직접 만나 위로하기로 함. 2월 2일 강화 백성들이 인조한테 말 목장 경작을 건의. 2월 11일 후금, 조선 조정에 화친 권유 문서를 보냄. 2월 15일 사간원 소속 윤황, 화친 반대 상소를 올림. 2월 17일 특별과거 시행 의견 발의.	명, 숭정제 즉위.

1627	인조 5	2월 23일 평안도 관찰사 김기종, 명 장수 원숭환이 후금 영토로 쳐들어가는 바람에 의주 주둔 중이던 후금군이 철수하기 시작했다는 보고를 함. 3월 3일 조선과 후금, 강화도호부에서 맹세 의식을 통해 화친 조약을 맺음. 3월 11일 강화에서 특별 과거 시행. 이때 허색, 정유성, 남진명, 윤계 발탁. 3월 18일 평양맹약 체결. 4월 2일 비변사, 강화에 유수부를 설치하고 심열을 강화 유수로 임명할 것을 건의. 4월 10일 인조, 강화 행궁 출발. 4월 12일 인조, 한양 도착. 5월 5일 인목대비와 소현 세자, 한양 도착. 5월 11일 인조, 심열을 강화 유수로 임명.	
1628	인조 6		
1629	인조 7	교동현, 교동도호부로 승격. 남양 화량만의 경기수영, 교동으로 이전. 교동부사, 경기수사를 겸직하게 됨. 교동읍성 건축.	모문룡, 명 장수 원숭환에게 붙잡혀 처형당함.
1630	인조 8		원숭환, 반역죄로 모함을 받고 처형당함.
1631	인조 9	인조, 윤황을 대사성에 임명.	
1632	인조 10	교동부사, 삼도수군통어사까지 겸하게 되면서 권한이 대폭 강화됨.	
1633	인조 11	홍타이지, 조선에 전선과 사공을 요구함.	명 장수 공유덕과 경중명, 후금한테 투항.
1634	인조 12		명 상가희, 후금한테 항복.
1635	인조 13	인조, 윤황을 대사간에 임명.	후금, 여진을 만주로 개칭함.
1636	인조 14	3월 인조, 지방관들에게 홍타이지를 황제로 추대할 수 없다는 내용의 교서를 보냄. 그러나 이 교서가 용골대 일행에게 들어가면서 인조의 입장이 난처해짐. 4월 심양발 사신 나덕헌과 이확, 홍타이지의 황제 즉위식에 참석했으나 절하는 걸 거부함.	

		[병자호란]	
1636	인조 14	12월 9일 청군 침략. 12월 13일 청군이 안주에 이르렀다는 급보 도착. 12월 14일 인조, 남한산성 입성. 인조의 명에 따라 종묘사직 신주와 왕실 일행과 가신들이 출궁. 12월 15일 왕실 피란 일행, 통진 도착. 인조, 강화로 향하려고 했으나 눈보라가 심해서 남한산성으로 회귀. 12월 19일 조선군, 남성 가까이에 온 청군을 화포로 공격하여 물리침. 12월 20일 도승지 이경직, 군사들의 추위와 배고픔을 걱정하는 의견을 올림. 12월 24일 인조, 명 황제 생일을 기념하여 망궐례를 올림. 400여 명의 병사, 남한산성 밖으로 나가 청군을 기습 공격함. 큰 비가 내리는 바람에 성문 밖의 병사들 여럿이 동사함. 12월 26일 강원도 영장 권정길, 검단산에서 패배. 12월 27일 이기남, 식자재 등을 들고 노영에 갔으나 거절당하고 돌아옴. 12월 29일 체찰사 김류의 지휘하에 있던 병사들, 청군의 엄습으로 패배. 12월 30일 예조판서 김상헌, 강화유수 장신을 사사건건 간섭하는 검찰사 김경징의 월권을 우려하는 의견을 인조에게 올림.	홍타이지, 국명을 후금에서 청으로 바꾸고 스스로 황제로 칭함.
1637	인조 15	1월 1일 인조, 신하들과 함께 정월 초하루를 기념하여 망궐례를 올림. 1월 3일 최명길, 인조를 대신하여 청 태종에게 답신을 보냄. 1월 5일 전라병사 김준룡, 용인 광교산에서 청군을 상대로 승리. 1월 14일 인조, 군량 부족 문제를 심각하게 우려함. 1월 15일 경상좌병사 허완, 쌍령에서 패배. 1월 20일 청국, 조선에게 항복하지 않으면 모든 것을 멸망시킬 것이고, 척화를 주장한 조선 대신들을 본보기로 처형하기 위해 2~3명을 보내라고 명함. 1월 21일 용골대, 최명길을 통해 인조에게 성 밖으로 나올 것을 명함. 결국 인조가 청 태종에 보내는 편지에 자신을 '신(臣)'이라고 지칭하면서 항복 의사를 전달함.	

1637	인조 15	1월 22일 강화도, 청군에게 함락당함(갑곶 상륙). 　　　　　당시 책임자인 김경징과 장신, 이민구는 도망. 1월 23일 수어사 이시백, 성문 밖 청군을 몰아냄. 1월 26일 청군, 봉림대군 등을 인질로 삼고 남한산성으로 출발. 　　　　　인조, 남한산성에서 강화도 함락 소식을 전해 들음. 1월 27일 인조, 청 태종에게 자신이 청으로 가지 않아도 된다는 문서를 보내 달라고 요청. 1월 28일 홍명구, 김화 백전 전투에서 전사함. 　　　　　청 태종, 인조에게 포로로 끌고 가지 않을 것을 약속함(정축약조). 　　　　　용골대 왈, 인조는 항복할 때 용포를 입어서도 안 되고 남문(정문)으로 나와서도 안 된다고 전달. 1월 29일 윤집과 오달제, 청 진영으로 보내짐. 　　　　　이후 홍익한과 함께 청나라에서 처형당함. 1월 30일 인조, 삼전도에서 청 태종에게 삼배구고두례를 행함. [병자호란 후] 2월 2일 신천군수 이승원과 영변부사 이준, 경중명과 공유덕을 보조하기 위해 황해도 전선을 거느리고 가도로 이동. 2월 5일 호조참 신계영, 강화 급파. 2월 24일 조선의 모든 문서에 청나라를 노(虜, 오랑캐)나 적(賊)으로 칭하지 말고 대청(大淸)으로 쓰게 함. 2월 25일 명나라 연호 숭정(崇禎) 대신 청나라 연호 숭덕(崇德)을 쓰게 함. 4월 청나라와 조선 연합군, 가도를 공격하고 점령함. 9월 21일 병자호란 당시 검찰사였던 김경징 처형.	
1638			
1639			
1640			
1641			
1642			
1643			
1644			명, 멸망.

도움받은 자료

____ 단행본

가오훙레이 지음, 김선자 옮김, 《절반의 중국사》, 메디치미디어, 2017.
강화군, 《강화 옛지도》, 2003.
강화군·강화문화원, 《강화금석문집》, 2006.
구범진, 《병자호란, 홍타이지의 전쟁》, 까치, 2019.
김노진, 《강화부지》, 인천광역시 역사자료관, 2007.
김창협 편찬, 신해진·김석태 역주, 《강도충렬록》, 역락, 2013.
문용식 역주, 《여지도서 강도부지》, 인천대학교 인천학연구원, 2005.
박헌용, 《속수증보강도지》상·하, 인천광역시 역사자료관, 2016.
백상태·장석규, 《장만 평전》, 주류성, 2018.
신달도·정양·윤선거 원저, 신해진 편역, 《17세기 호란과 강화도》, 역락, 2012.
어한명 원저, 신해진 역주, 《강도일기》, 역락, 2012.
원창애 외 5인, 《조선시대 과거제도 사전》, 한국학중앙연구원출판부, 2014.
유하령, 《화냥년》, 푸른역사, 2013.
이건창·김만중 외, 박석무 편역, 《나의 어머니, 조선의 어머니》, 현대실학사, 1998.
이경수, 《숙종, 강화를 품다》, 역사공간, 2014.
이경수, 《강화도史》, 역사공간, 2016.
이경수, 《김포역사인물산책》, 역사산책, 2019.
이경수, 《한국사 키워드 배경지식》, 역사공간, 2019.
이경수, 《강화도, 근대를 품다》, 민속원, 2020.
이민희, 《강화 고전문학사의 세계》, 인천대학교 인천학연구원, 2012.
이진환, 《새로 쓰는 강화 인물사》, 정행사, 2020.
이형상, 《강도지》(상), 인천광역시 역사자료관, 2015.
작자 미상, 김광순 옮김, 《산성일기》, 서해문집, 2004.
장만, 《낙서집》, 장만장군기념사업회, 2018.
조헌 지음, 동아시아비교문화연구회 옮김, 《조천일기》, 서해문집, 2014.
한국역사연구회 편, 《역사문화수첩》, 역민사, 2000.
한명기, 《병자호란》1·2, 푸른역사, 2013.
한명기, 《원치 않은 오랑캐와의 만남과 전쟁》, 동북아역사재단, 2020.
한명기, 《최명길 평전》, 보리, 2019.

_____ 논문 및 기타 자료

강문식, 〈《조선왕조실록》연구의 통설 재검토〉, 《규장각》49, 서울대학교 규장각한국학
연구원, 2016.
계승범, 〈같은 전쟁 다른 기록〉, 《동양사학연구》147, 동양사학회, 2019.
계승범, 〈정묘호란의 동인 재고〉, 《열상고전연구》71, 열상고전연구회, 2020.
구범진, 〈병자호란 시기 강화도 함락 당시 조선군의 배치 상황과 청군의 전력〉, 《동양사
학연구》141, 동양사학회, 2017.
구범진, 〈병자호란 시기 청군의 강화도 작전〉, 《한국문화》80, 서울대학교 규장각한국
학연구원, 2017.
권내현, 〈정묘호란 의병장 정봉수의 활약과 조선왕조의 인식〉, 《한국사학보》42, 고려
사학회, 2011.
권순진, 〈병자호란 김화 백전전투 고찰〉, 《군사》96, 국방부군사편찬연구소, 2015.
김민호, 〈'치욕의 의식' 삼궤구고두례 연구〉, 《중국소설논총》62, 한국중국소설학회 ,
2020.
김선민, 〈조선통사 굴마훈, 청역 정명수〉, 《명청사연구》41, 명청사학회, 2014.
김일환, 〈이민구의 강화도 탈출담 연구〉, 《용봉인문논총》55, 전남대학교 인문학연구
소, 2019.
남호현, 〈조청관계의 초기 형성단계에서 '맹약'의 역할〉, 《조선시대사학보》78, 조선시
대사학회, 2016.
노대환, 〈광해군대의 궁궐 경영과 풍수지리설〉, 《조선시대사학보》63, 조선시대사학회,
2012.
소진형, 〈인조의 호패법 시행과정을 통해 본 권력의 정당성문제와 그 한계〉, 《한국동양
정치사상사연구》17-1, 한국동양정치사상사학회, 2018.
오수창, 〈병자호란에 대한 기억의 왜곡과 그 현재적 의미〉, 《역사와 현실》104, 한국역
사연구회, 2017.
이기환, '치욕의 병자호란 속 귀중한 1승', 경향신문, 2012.11.14.
장정수, 〈병자호란 이전 조선의 대후금(청) 방어전략의 수립 과정과 그 실상〉, 《조선시대
사학보》81, 조선시대사학회, 2017.
조성을, 〈병자호란 연구의 제문제〉, 《한국사학사학보》36, 한국사학사학회, 2017.
지두환, 〈선원 김상용의 가계와 정치적 활동〉, 《한국학논총》46, 국민대학교 출판부,
2016.
채홍병, 〈정묘맹약(1627) 이후 조선의 대후금 관계 추이와 파탄〉, 고려대학교 대학원 석
사학위논문, 2019.
최영성, 〈노서 윤선거의 삶과 학문〉, 《유학연구》18, 충남대학교 유학연구소, 2008.
한가람, 〈정묘·병자호란기 조선 사대부의 전쟁관〉, 고려대학교 대학원 석사학위논문,

2016.

허우범, 〈17세기 초 조·명 해로사행의 길목 '가도' 위치 고찰〉, 《인문과학연구》65, 강원
  대학교 인문과학연구소, 2020.
허태구, 〈병자호란 강화도 함락의 원인과 책임자 처벌〉, 《진단학보》113, 진단학회,
  2011.
허태구, 〈병자호란 이전 조선의 군사력 강화 시도와 그 한계〉, 《군사》109, 국방부군사편
  찬연구소, 2018.
허태구, 〈병자호란 연구의 새로운 정초〉, 《인문논총》76-3, 서울대학교 인문학연구원,
  2019.

___ 인터넷사이트

강화군청 https://www.ganghwa.go.kr
강화도 라키비움-강화역사 문화연구소 https://blog.daum.net/gihac
강화로닷컴 http://www.ghtv.kr
국립고궁박물관 https://www.gogung.go.kr
국사편찬위원회 한국사데이터베이스 http://db.history.go.kr
국사편찬위원회 한국역사정보통합시스템 http://www.koreanhistory.or.kr
한국고전번역원 한국고전종합DB http://db.itkc.or.kr
한국학중앙연구원 한국민족문화대백과사전 http://encykorea.aks.ac.kr
한국학중앙연구원 한국역대인물종합정보시스템 http://people.aks.ac.kr